海外からやってきた介護の天使たち

ある監理団体の取り組みから

渡邊 靖志

プロローグ（本書への思い）

本書は、外国人技能実習制度⑴により、介護の実習をするために来日したミャンマーの若者たちを描いたものである。（※ミャンマーの正式名称は「ミャンマー連邦共和国」）

筆者は、二〇二三（令和五）年八月にミャンマー（旧ビルマ）を訪れた。ある人から「渡邊さんに是非見せたいものがある」と言われ、実際には「連れて行かれた体験」がその発端である。

現地で訪ねたのは、幾つかの外国人技能実習の「送り出し機関」⑵であった。そこでの関係者からのお話、技能実習生が学んでいる教室、介護や縫製の実技訓練の場、生活寮も見て、老人ホームにも行った。

ミャンマーは、激しい内戦の最中にある。時折兵士は見かけたが、大都市ヤンゴンに物々しい雰囲気はなかった。しかし、移動はもっぱら車で行い、自由行動はほとんどなかった。

車道は、ニッサンだのトヨタだのスズキだのホンダだのといった日本車ばかりである。車のボディに、日本の会社名がそのまま残っている車もあった。あえて消さない。これもステータスなのだそうだ。

それにしても車間距離がない。横の間隔もギリギリ。ガンガンと走り、道は譲らない。

筆者は現地の人に訊いた。「もし事故が起きたら警察を呼ぶのか?」と。するとこんな答えが返ってきた。「警察など呼ばない。当事者同士で話し合って解決する。警察など呼んだら余計にお金がかかる」。どうやら警官への〝袖の下〟がいるようだ。

渋滞や赤信号で車が停まると、子どもたちが小物を売りに群がってくる。歩道でパンツをはいていない幼児(男の子)を見かけた。

あずき色の袈裟をまとった若い僧侶たちが、鉢を抱えて裸足で歩いていた。托鉢《たくはつ》である。在家信者の家をまわり、食べ物や金銭をもらい集める。乞食ではない。お布施である。出す方も受ける方も、双方が徳を積んでいるのである。

老人ホームに行った。「老人ホーム」と日本語訳したが、それは日本のように、国から制度的援助を受けて存在するものではない。篤志家が私財を投じて建て、日々は民間人からの寄付金とボランティアで賄っている。

ボランティアは若者が多く、看護師もたくさんいた。みんな明るい。寄付は毎日のようにあると言う。その日もミャンマーで有名な作家さんが、寄付に訪れていた。

大部屋に二十以上のベッドが並ぶ。部屋の正面奥にはお釈迦様がいて、全体を見守っている。そして、食事の前にはお祈りがある。

技能実習生が寝泊まりする寮を見学した。一室に二段ベッドが四組。女の子たちが、狭いベッドの上で、肩を寄せ合って勉強していた。

「入国前講習」(3)の教室は、広さも人数も様々であった。どこでも日本語の勉強をしていた。どの実習生もペンを片手に、実に真剣なまなざしであった。そして礼儀正しい。

ある教室で、一人の実習生（女性）が、筆者たちに歓迎の挨拶をしてくれた。先生から突然指名されて、照れながらも立ち上がり、筆者たちにこう言った。

「ミャンマのくには、あついですから、しゃちょさん（筆者注：社長さん）は、だいじょぶですか?」。この瞬間、筆者の感情が溢れた。涙がこらえきれなくなった。

筆者たちに挨拶をする技能実習生

東南アジアの最貧国といわれたミャンマー。今も毎日のように、この国から大勢の若者が来日している。彼ら彼女らの多くが、自国に希望を見いだせず、家族を貧困から救い出し、あわせて自らの人生を切り開かんとして、毎日を必死に生きている。
その中での技能実習介護。これまでも話では聴いていた。一定の理解はしていたつもりであった。しかし、この視察でその根本たる「背景」を実感した。感情が激しく揺れ動いた。ものすごい気分の疲れを感じた。自分自身の中で、何かが〝更新〟されている気がした。このまま帰国して、また平穏な日々に戻ることが怖くなった。

日本全体で労働力不足が言われている。介護業界もその一つである。そして、介護現場にも多くの外国人が入ってきている。一般的に日本人だけでは賄えない「人手不足」を〝補う〟のが外国人労働。その見識は、こと介護に関しては、もうすでに違っている。外国人による介護への評価は高い。何と言ってもまじめで一生懸命。基本に忠実。仕事も着実に覚え、一番懸念されている日本語の問題も日々克服している。

今回、筆者にこの機会を与えてくれた監理団体(4)「協同組合技術者育成協会」(通称TECS：テックス)(広島市)の代表にお願いをした。日本に来ている彼ら彼女らの話を聴きたい。生活を見たい。どのような訓練を受けているのか、日本関係者が、どのような形で関わっているのか具体的に知りたい。そのリアルを可視化して、もっと世間に対して、その理解を深める媒体をつくりたい。この趣旨に大いに賛同をいただき、全面的な協力を得ることになった。本書の執筆は、こうして始まった。

本書出版の目的は、ミャンマーの若者による技能実習介護への理解を深めることである。ここでの主人公は、ミャンマーの若者たちである。

筆者は、彼ら彼女らが宿泊型で学ぶ「入国後講習」に密着した。実際に働き始めた介護施設に出向いてお話を聴いた。彼ら彼女らの「背景」「思い」「姿勢」「評価」を、五十余名の技能実習生と約三十名の日本関係者から聴き取った。

彼ら彼女らの思いと努力。「この子たちを全力で支えたい」とする日本関係者。これらには、取材中何度も感動した。これを知ってほしい。これに共感してほしい。この話を一緒に考えてほしい。その気持ちの高まり（個人の願望）が、この約一年間の取材活動の支えであった。

本書にはクライマックスがある。それは第2章（ミャンマーからやってきた若者たち）、第3章（木鶏の杜）、第4章（介護現場の天使たち）である。ここには、彼ら彼女らと、それを支える関係者の実践と思いをふんだんに盛り込んだつもりである。

それからもう一回ヤマがやってくる。第6章（監理団体とTECS）である。ここは、海外からやって来た若者を、信念を持って支えんとする監理団体のポリシーと、今後、我々の隣人となる外国人への向き合い方を考える機会が得られる章である。これらの章の執筆には、特段の力を込めた。

介護の仕事を選びやって来たミャンマーの若者と、技能実習介護への理解が深まることを祈念して本書を上梓する。

（※なお、本書に掲載する写真は、但し書きがある場合を除き、すべて筆者が撮影したもの

である）

注

（1）外国人技能実習制度とは、日本において技能実習生を受入れるための制度の一つ。後に出てくる「送り出し機関」と「監理団体」がその運営の第一戦機関となる。

（2）「送り出し機関」とは、本国で実習生の募集、教育訓練を行い、海外の「監理団体」への送り出し業務を行うところである。

（3）「入国前講習」とは、技能実習生が「技能実習を行う国」へ行く前に受ける母国での講習である。「送り出し機関」がこれを行う。これを修了しないと「技能実習を行う国」へ行くことができない。後に出てくる「入国後講習」とは、技能実習生が「技能実習を行う国」で入国後に受ける講習である。ここを修了しないと実習企業で働くことができない。

（4）「監理団体」とは、「送り出し機関」（本国）からの実習生を受入れ、訓練し、実習先企業へ送り出す機関である。送り出した後は、第三者として、双方（企業と実習生）をサポートする。主務大臣（法務大臣・厚生労働大臣）から許可を受けた、営利を目的としない法人である。

目次

序章　「外国人介護人材」受入れの仕組み

序章では、まず外国人介護人材の受入れの仕組みについて概観する。ここは制度説明である。本題に急ぎたい人は、ここは斜め読みで良いと思う。

介護業界における外国人の活用は、その労働力の不足問題が、日本国内だけで解決することが困難と判断された時点から始まる。そこで、政府が最初に着手したのは、二〇〇八（平成二十）年のＥＰＡ（経済連携協定）による受入れであった。そして現在では、四つの受入れの仕組みが存在する。これがその四つである。

1．経済連携協定（ＥＰＡ）
2．在留資格「介護」
3．外国人技能実習（技能実習）
4．特定技能1号

外国人のその働いている姿を見ただけでは、彼ら彼女らが、一体どのルートで在留しているのかは分からない。仕組みごとに趣旨が異なる。概観すると次のようなものになる。

1. 経済連携協定（EPA）二〇〇八（平成二十）年

「経済連携協定」（EPA）は、双方の経済的なメリットを求めて、国家間で、モノ・ヒト・カネ・サービスの移動を促進するという趣旨である。その中の「ヒトの移動」の中に、「介護人材」が位置づけられた(1)。

日本でのEPA自体の歴史は、二〇〇二（平成十四年）年のシンガポールとの締結に始まる。その中で「介護人材」は、インドネシアとのものが最初である。これが二〇〇八（平成二十）年七月一日に発効された。その後、フィリピン、ベトナムと続き、現在、この三か国が、日本の「相手国」となっている(2)。

この受入れは「公的な枠組で特例的に行われるもの」とされている。よって、相手国からの送り出しの斡旋は、（相手国の）直接的な政府機関が行う。

受入れる日本も、公益社団法人・国際公益事業団のみが対応にあたる。「公正・中立性を重視した適正な受入れのため」というのがその理由である。労働者本人の費用負担もほとんどない。ここが大きな特徴と言える。

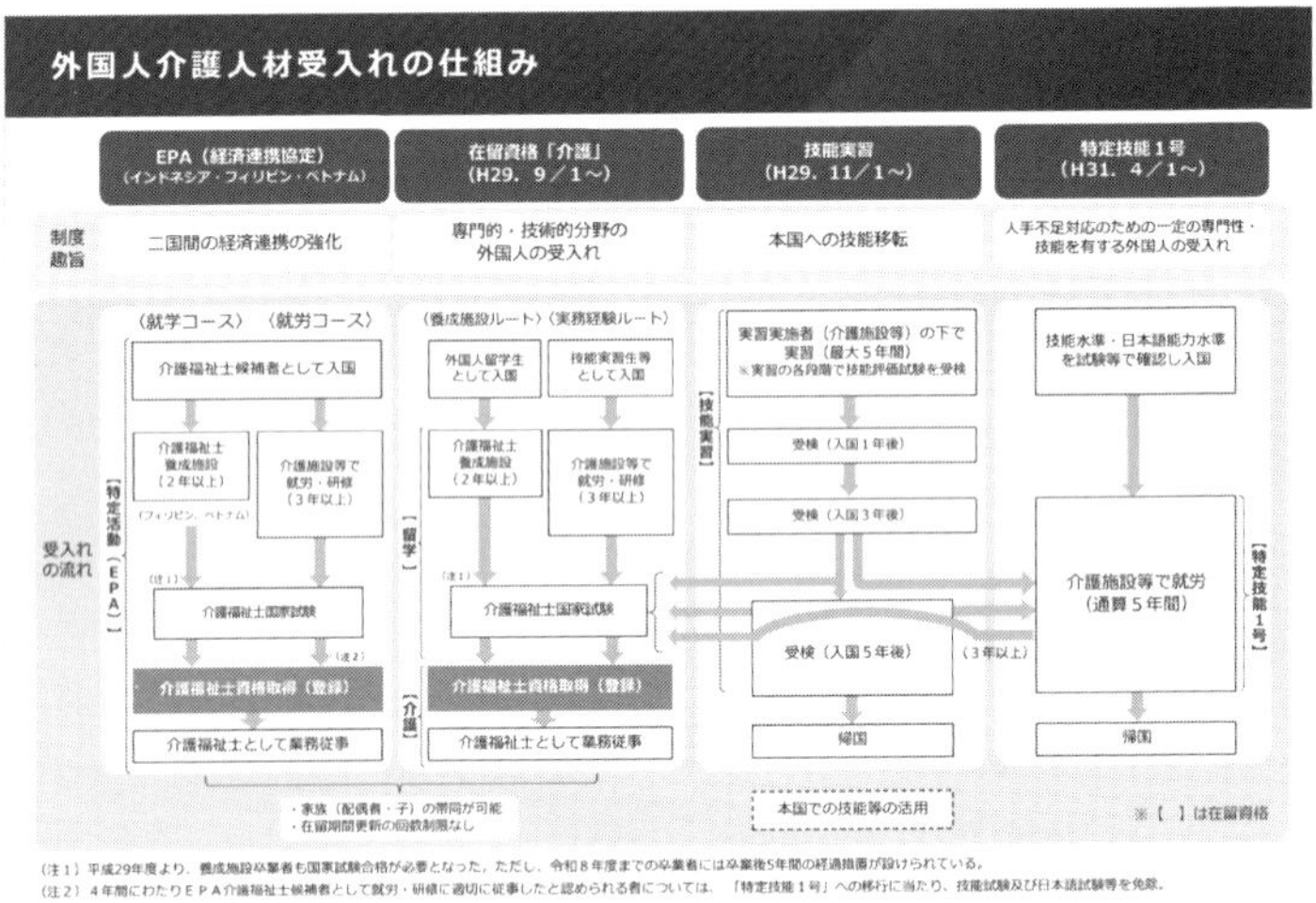

（出典：厚生労働省ウェブサイト）

一定の要件を満たす外国人が入国できるが、その「一定の要件」とは、国ごとに少しずつ異なる。例えば、出身国ですでに看護師の資格を取得しているとか、あるいは、その国の政府が指定した学校（課程）を卒業（修了）しているなどがそれにあたる。求められる日本語能力（水準）も国によって異なる。

滞在期間は、最長四年間。その間に、日本の介護施設等で就労し研修を受け、「介護福祉士資格の取得を目指す」というのがもう一つの条件である。この介護福祉士を目指す外国人を「EPA介護福祉士候補者」と呼ぶ。

晴れて介護福祉士（EPA介護福祉士）になると、引き続き一定の条件のもとでの日本での就労が可能となる。また、在留資格「介護」への変更（※後述）も可能となる。

また介護福祉士になると、在留資格の更新回数に制限がなくなる。（一定の条件を満たす限り）日本で就労（介護業務）でき、家族を連れてきて一緒に暮らす（家族の帯同）ことも可能になる。しかし、資格を取得できなければ、帰国しなければならない。ちなみに「家族の帯同」の「家族」とは、配偶者と子を示す。

「第三十六回介護福祉士国家試験結果」（二〇二三年度試験）において、経済連携協定（EPA）に基づく「外国人介護福祉士候補者」の合格者数は、二二八名（合格率四十三・八%）（厚生労働省発表）であった。

経済上の連携の強化が目的であり、基本的に、「労働力不足への対応という位置づけではない」とされている。しかし、これは事実上〝建前〟である(3)。

2．在留資格「介護」二〇一七（平成二十九）年

在留資格「介護」は、二〇一六（平成二十八）年の出入国管理及び難民認定法（以下、入管法）改正により、その翌年から施行されたものである。

簡単にいうと、外国人が、介護福祉士資格を取得した場合に得られる在留資格である。在留の条件として、日本の介護施設などで、実際に介護等の業務に就く必要がある。この

制度の趣旨は、「より質の高い介護の必要性から」である。

最初は、介護福祉士養成施設（介護福祉士養成のための教育を行う専門学校や大学）の留学生が対象であった。「介護留学制度」とも呼ばれ、少子化で日本人入学生の減少に困っていた当該学校では、これを積極的に受入れた。

その後、二〇二〇（令和二）年からは、「それ以外の方法」で介護福祉士となった外国人も対象となった。介護福祉士養成校で国家資格（または受験資格）を得るのではなく、実務経験を経て国家試験を受けるルートである(4)。

介護福祉士になると在留期間の更新が何度でも可能となる。後述する「技能実習」、「特定技能1号」には、「最長何年まで」というような制限があるが、これがなくなる。

3. 技能実習　二〇一七（平成二十九）年

第三の仕組みとして始まったのが、「外国人技能実習制度」である。（この制度の歴史的経緯や問題点等については、第5章で詳しく述べる）

この制度の内容は、大まかに言うとこうである。発展途上国等からの外国人材を日本企業等（実習実施者）に受入れる。そこで、出身国では身につけられない技能等の修得を図る。そうやって育てた人材を、出身国へお返しする。これを「技術移転」と言う。日本が先進国として、発展途上国の「人づくり」に協力するという趣旨の国際貢献である。外国人は、「実習生」という位置づけであるが、日本の企業等と雇用関係を結ぶ。滞在期間は、原則三年間、最長で五年間。

技能実習法には、その基本理念として、「技能実習は、労働力の需給の調整の手段として行われてはならない」と謳われている。しかし、これも〝建前〟と言わざるを得ない(5)。

ＥＰＡとは異なり、（本国の）「送り出し機関」も（日本の）「受入れ機関」（監理団体）も、ほとんどが民間組織である。

「送り出し機関」とは、本国で実習生の募集、教育訓練、その他の送り出し業務を行うところである。「監理団体」は、日本において企業等（実習実施者）からの依頼を受けて、海外の送り出し機関へ募集をかけ、入国した外国人に教育訓練を行って企業等に送り出すなどの受入れ業務を行う。そして、実習中の実習生の日常的な支援を行うと同時に、企業等に対しては、実習が法令に則って適切に行われているかどうかの監査業務を行うところである。

技能実習制度自体は、一九九三（平成五）年に創設されたものである。対象となる業種は、特に人手が不足している農業、漁業、建築業、食品製造業、機械金属業など多岐にわたっている。二〇一七（平成二十九）年に、そこに「介護」が追加・開始され、今日に至っている(6)。

4．特定技能1号　二〇一九（平成三十一）年

最後が「特定技能1号」である。前述のEPAや技能実習では、その趣旨について、「経済上の連携強化のため」とか「発展途上国への技術移転（国際貢献）」などと謳われていた。念を押すように「労働力不足への対応ではない」とされている。「特定技能」はそれとは異なる。そのような〝建前〟はなく、その趣旨は、正面から「不足する人材の確保を図るため」とされている。これが、これまでの三つの制度との大きな違いである。

国内だけで人材を確保することが困難な状況にある「特定産業分野」（十四業種）を定めており、その中に「介護」がある(7)。

特定技能には、「特定技能1号」と「特定技能2号」の二種類がある。「1号」は、「相当程度の知識又は経験を必要とする技能を持った外国人向けの在留資格」とされている。特別な育成・訓練を受けることなく、すぐに一定程度の業務をこなせる技能や日本語の水準にあることが条件となる。

その「水準」は、出身国や日本での試験によって確認される。介護分野では、「介護技能評価試験」と「介護日本語評価試験」に合格しなければならない。しかし、実際に十分な能力を兼ね備えて入国してくるかというと、そこは評価が分かれる。

最長で五年間の滞在が可能である。介護福祉士のような「家族の帯同」は認められていない。「2号」は、「1号」を修了した次のステップとなる。しかし、現段階（二〇二二年六月時点）では「建設業」と「造船・舶用工業」の二分野のみが対象であり「介護」は該当していない。

以上、日本が、外国人介護労働力を招くための四つのルートである。実は、その〝外側〟に、もう一つの（介護含む）「外国人労働力」がある。それは「留学生」である。

5．留学生（資格外活動）

留学生とは、「日本国内の教育機関において教育を受ける活動を許可された外国人」である。基本的に、就労活動を認められていないが、「資格外活動許可」を取ることで、一週間当たり一定時間内であればそれが認められている(8)。

すべての留学生が働いているわけではない。しかし、実際にはこれが「外国人労働力」として、結構な存在感を示している。

現に、公益財団法人介護労働安定センターの「介護労働実態調査」では、ＥＰＡ、在留資格「介護」、技能実習、特定技能1号に加えて、「留学生」も加えた五種で分類している。

表現として適切かどうかは別にして、「仮面浪人」ならぬ「仮面労働者」と揶揄されることもある。「仮面」とは、大学等での学びを目的とした「留学生」でありながら、（留学生の仮面をつけた）「外国人労働者」としての立場も持っているという意味である。

以上、本章では外国人労働者（介護）の入国ルートについて概観した。これは序章である。

本書の主人公は、技能実習介護により入国したミャンマーの若者である。本題に入る第一章では、その若者の背景にあるミャンマーいう国について述べていく。「主人公」を理解するには、欠かせない情報がそこにある。

注

（1） 経済連携協定（ＥＰＡ：Economic Partnership Agreement）とは、二以上の国（又は地域）の間で、自由貿易協定（ＦＴＡ：Free Trade Agreement）の要素（物品及びサービス貿易の自由化）に加え、貿易以外の分野、例えば知的財産の保護や投資、政府調達、二国間協力等を含めて締結される包括的な協定である。（財務省ウェブサイト「経済連携協定（ＥＰＡ）等」からの引用）

（2） 日・インドネシア経済連携協定（平成二十年七月一日発効）に基づき平成二十年度から、

日・フィリピン経済連携協定（平成二十年十二月十一日発効）に基づき平成二十一年度から、日・ベトナム経済連携協定に基づく交換公文（平成二十四年六月十七日発効）に基づき平成二十六年度から、年度ごとに、外国人看護師・介護福祉士候補者（以下「外国人候補者」という）の受入れを実施してきており、累計受入れ人数は三国併せて六四〇〇人を超えた（令和元年八月末時点）（厚労省ウェブサイト「インドネシア、フィリピン及びベトナムからの外国人看護師・介護福祉士候補者の受入れについて」からの引用）。

（3）　その目的は、「日本と相手国の経済上の連携を強化する観点から、公的な枠組みで特例的に行うもの」であり、「労働力不足への対応」ではない（厚労省ウェブサイト「インドネシア、フィリピン及びベトナムからの外国人看護師・介護福祉士候補者の受入れについて」からの引用）。

（4）　平成二十八年十一月二十八日に「出入国管理及び難民認定法の一部を改正する法律」（平成二十八年法律第八十八号）が公布され、我が国の介護福祉士養成施設を卒業して介護福祉士国家資格を取得した留学生に対して、国内で介護福祉士として介護又は介護の指導を行う業務に従事することを可能とする在留資格「介護」が新たに創設され、平成二十九年九月一日から施行された（申請手続きは出入国在留管理庁ＨＰ）。また、令和二年四月一日からは、実務経験を経て介護福祉士国家資格を取得した方も、在留資格「介護」への移行対象となっている（厚労省ウェブサイトからの引用）。

（5）我が国が先進国としての役割を果たしつつ国際社会との調和ある発展を図っていくため、技能、技術又は知識の開発途上国等への移転を図り、開発途上国等の経済発展を担う「人づくり」に協力することとされている。日本で培われた技能等を開発途上地域等へ伝えるための制度で、外国人は「実習生」と呼称される。外国人の技能実習の適正な実施及び技能実習生の保護に関する法律（以下、技能実習法）には、基本理念として「技能実習は、労働力の需給の調整の手段として行われてはならない」（法第3条第2項）と記されている（厚労省のウェブサイトからの引用）。

（6）「外国人の技能実習の適正な実施及び技能実習生の保護に関する法律」（平成28年法律第八十九号。以下「技能実習法」という）の平成二十九年十一月一日からの施行にあわせ、外国人技能実習制度の対象職種に介護職種が追加された。

（7）二〇一八年に可決・成立した改正出入国管理法により在留資格「特定技能」が創設され、二〇一九年四月（令和となる前月）から受入れが可能となった。

（8）包括許可（一週について二十八時間以内で稼働する場合）。一週について二十八時間以内（教育機関の長期休業期間にあっては、一日について八時間以内）の収入を伴う事業を運営する活動（注）又は報酬を受ける活動を行う場合は、資格外活動の包括許可が必要となる（出入国在留管理庁のウェブサイト、『留学』の在留資格に係る資格外活動許可についてより引用）。

第１章　ミャンマーという国

第１話　ミャンマーの社会情勢

１．ミャンマーについての知識

ミャンマーは、日本に身近な「東南アジア地域」にあるが、その状況については、あまり知られていないのではないか。

筆者自身が、「ミャンマー」で思い浮かぶのは、一に、小説でもあり映画化もされた『ビルマの竪琴』。二に、アウン・サン・スー・チーさんと現在の内戦。三に、第二次世界大戦中のインパール作戦くらいであった。黄金の仏塔（パゴダ）がそびえる仏教国であることは、二〇二三年八月に渡航して、初めて知ったことである。

『ビルマの竪琴』は、戦時中のある日本兵を描いた映画で、名優により何作か制作されている。これは観たことがある。

アウン・サン・スー・チーさんは、現在、ミャンマー軍と戦っている民主化勢力のリーダー。本書の執筆時点では、国軍により軟禁されている。

インパール作戦(1)は、第二次世界大戦中の旧日本軍の「史上最悪の作戦」とも揶揄された軍事作戦であり、歴史上有名である。

この国の情報が少ないのは、長く続いた軍事（独裁）政権に問題があったとされている。報道記者をはじめ、外国人の入国を厳しく制限し、いわゆる「閉ざされた国」というレッテルが貼られた。このあたりの経緯は後述するとして、まずミャンマーの現在の社会情勢、次に歴史と文化、そして国民性についても書き進める。これらを大まかにでも知ることは、主人公（ミャンマーの若者）の理解にとても役立つ(2)。

2. 地理・人口・宗教など

まず、ミャンマーの〝プロフィール〟について、主に日本の法務省の資料から見ていく。

ミャンマーは、地理的には、インドとタイの間にある。中国、ラオスとも接している。面積は約六十万平方キロメートル（日本の約一・八倍）。人口約五一一四万人（日本の約四割）（二〇一九年推計：ミャンマー入国管理・人口省発表）。

首都は、ネーピードー（ネピドー）。最大都市はヤンゴンであるが、そこは旧首都。多民族国家で、約七割がビルマ族。その他多くの少数民族からなる。

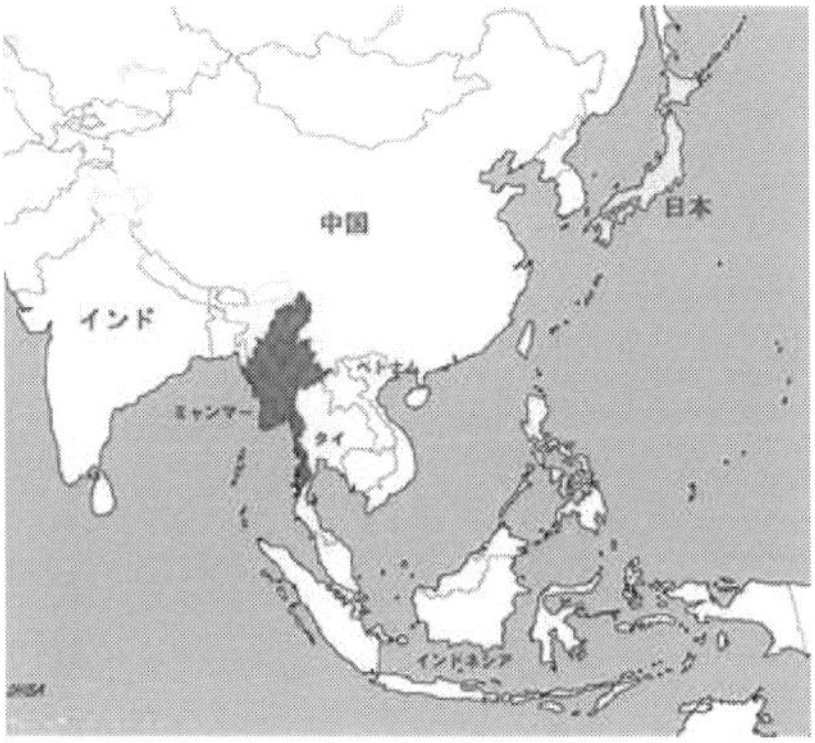

ミャンマーの位置

民族は、大きく分けて八、少数に分けると一三五とされている。民族ごとに、文化や言葉に違いがあるが、国籍ではすべてミャンマー人である。

公用語は、ミャンマー語。宗教は、約九十%が仏教徒。その他、キリスト教、イスラム教などである（他に、仏教徒の割合を八十五%から九十五%とした記事もある）。

在留日本人は、約二四〇〇人（二〇二二年十月現在）。逆に、在日ミャンマー人は、約四万八〇〇〇人（二〇二二年六月現在、外国人登録者数）。

3. 政治体制

政治体制について、同じく日本の外務省の資料からみていく。

ミャンマーは、大統領制で共和制をしいている。専制的な君主（国王・皇帝）はいない。

国会は二院制。ここは日本と同じ。しかし、上院（民族代表院）にも下院（国民代表院）にも、「選挙議席」と「軍人代表議席」という二つの枠がある。全議席の四分の一に相当する議員がミャンマー軍（国軍）の指名によって選出される。ここが大きな特徴である。大統領は、ウィン・ミン（二〇一八年三月就任）。国家最高顧問兼外相が、アウン・サン・スー・チーとなっている。外務省資料には、これに「二〇二一年二月一日のクーデター前のミャンマー政府及び議会の体制」という但し書きがある。また、これに関連した内政に関する記事として「二〇二一年二月にミャンマー国軍が全権を掌握した」旨の文言がある。

4．経済・産業の概況

主要産業は、農業、天然ガス、製造業。天然ガス、鉱物など天然資源に恵まれた国である。「二〇二一年二月一日のクーデター以降、経済成長は低迷しており、国軍主導の『政権』は、特に外貨や輸入関連規則において厳しい規制を講じている」（外務省資料）とされている。

この国の中心的な産業のひとつが農業。人口の約七十％が地方農村部に暮らし、農業で生計を立てている。

5．国民の平均収入

ここからの情報元は、民間の資料も含める。ミャンマーの通貨は、「チャット」（Kyat）で、為替レートは、一ドルが二一〇〇チャット（中央銀行レート：二〇二三年二月一六日）。日本円になおすと、一〇〇チャットが約七円である。

国民の収入は、資料によって多少の違いはあるが、概ね一月に約一万円から二万円。他の東南アジアの国と比べても低い水準で、ざっと、日本の十分の一と言われている。では物価も十分の一かというとそうではない。モノによるが、例えば、食料品や生活必需品は、日本の五分一などという見立てがある。

6．最貧困の国

ここからが本題につながる、重要な社会背景である。最大都市ヤンゴン以外の地方では、仕事はあまりなく、あっても低賃金である。

平均的な世帯人数は四～五人。核家族化が進んでいる日本とは異なり、親族で一緒に暮らす大家族が一般的。「家族のために頑張る」という気持ちが強く、その「家族」には両親や兄弟だけでなく、祖父母も含まれる。

女性の就業率が高く、そこに子ども（日本でいうと中学生くらい）も協力し、総出で一家の暮らしを支える。

「最低賃金制度」はあるが、それを守らない（守れない）企業も少なくない。倒産（＝労働者の失業）を恐れて、政府も最賃額を容易には引き上げられない。

結論として、国自体が、東南アジアの中でも「最貧国」に分類されている。貯金ができるような人は、かなりの少数派である。

このような経済基盤の上に、内戦による不安定な社会情勢が長く続いている。年々格差が広がり、貧困層が厚みを増していると言う。その結果、特に若者が外国に〝出稼ぎ〟に行くという流れが起きている。彼ら彼女らが日本に来る理由の多くは、「自国で働くよりも日本で働いた方が家族・親族のためになる」というものである。

「国連開発計画」（ＵＮＤＰ）が発表した報告書（二〇二一年四月）(3)では、「これからのミャンマーでは貧国層が急増、軍事クーデターの混乱と新型コロナウイルスの流行が続く中で、二〇二二年初めには、二五〇〇万人（人口の約半数）が貧困状態に陥る」としている。

実は、二〇二一年一月の段階では、経済活動は回復する見込みであった。しかし、このわずか一か月後に発生したクーデターが、経済活動の回復の足を引っ張ったということである。

貧困層が雇用されている（第一次産業以外の）会社は、非合法なものが少なくない。そのようなところは、社会保険や年次有給休暇などは無いに等しいとされている。

7.「労働力不足」の国と「働く場不足」の国

このように、日本の人手不足に対して、逆にミャンマーでは、まともな仕事場がないという状態である。両国の人口ピラミッドを見ると、その人口構造の特徴が一目できる。

ミャンマーは、現在「人口ボーナス期」にあるとされている。「人口ボーナス」とは、経済用語で、「生産年齢人口」（十五歳～六十四歳）が、「従属人口」（十四歳以下と六十五歳以上の人口）を大きく上回る状態である(5)。要するにこうである。

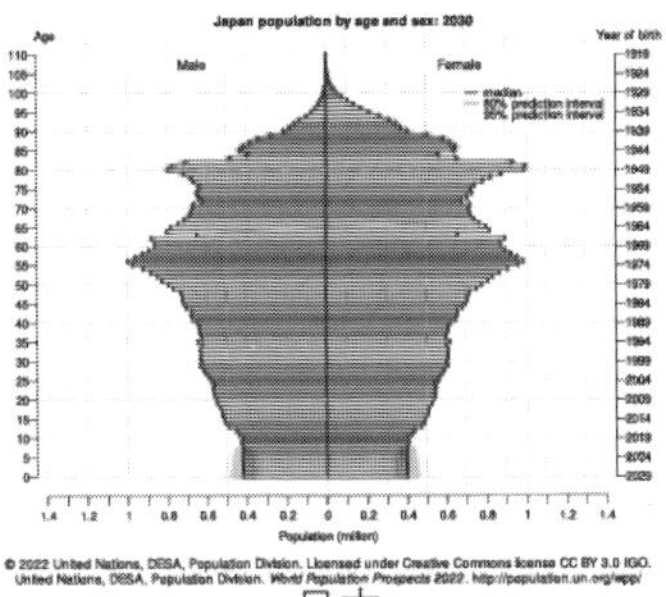

日本

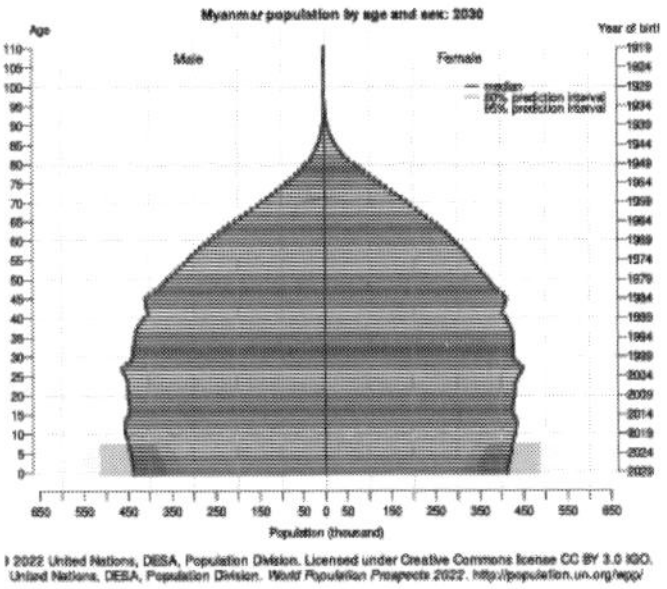

ミャンマー

日本とミャンマーの人口ピラミッド：資料「財務省ASEANワークショップASEAN諸国の人口動態の現状と展望」（2024年6月7日）より抜粋

①「働く世代」が、「働けない世代」よりもかなり多い。
②「支える人」が「支えられる人」よりもかなり多い。
③労働力が豊富で、基本的には、経済成長する可能性が高い状態。

日本は、少子高齢化の中での〝国難〟と言われるほど労働力が不足している。そして、ミャンマーは、労働力はあるが「まともな賃金が得られる仕事場」が無い状態である。そこへもってきて、日本の企業等が出す給与は、ミャンマー相場の約十倍。さらにミャンマーは戦争中。日本は治安が良く平和。これがミャンマーから日本へ労働力が移動する素地となっている。

次話では、ミャンマーの歴史（主に第二次世界大戦前後から）を振り返る。そして、ミャンマー人の国民性へと続けていく。

注

（1）一九四四（昭和十九）年、インド北東部インパールを目指して旧日本軍が進軍し、激しい戦闘の末、インド国内だけで三万人にのぼる日本兵士が命を落とした作戦。日本では第二次世界大戦中の最も過酷で無謀な戦いとして知られている。

（2）一般情勢に関する「参考・出典資料」としては、外務省のウェブサイト（ミャンマー基礎データ外務省 mofa.go.jp）他の諸資料である。民間団体（監理団体等）が配信している情報も参考にしたが、発信元により情報に違いがある場合は、多数が指摘している内容を採用した。

（３）「国連開発計画」（ＵＮＤＰ）とは、「開発途上の国々がその開発目標を達成できるように支援する」目的を持つ国際連合の関連機関である。この状況は「新型コロナウイルス、クーデターと貧困：ミャンマーにおける負の累積ショックと人間開発に与える影響」と題する報告書に述べられている。

（４）ミャンマーの一九六〇年の総人口が、約二一七〇万人（このときの「高齢化率」が約三・三％）。二〇一九年の総人口が、約五一一四万人（「高齢化率」が約六・〇％）。その後も人口は微増、そして、高齢化率は、徐々に増加。

（５）ミャンマーの場合「支える人口（若者）が支えられる人口（子ども・高齢者）の二倍以上」という状態は、二〇五三年まで続くとの予測がある。ちなみに、日本の人口ボーナス期は一九六〇年代から九〇年代。高度経済成長を支える重要な要素となった。（Jetro, CIA World Factbook, IMF公表値）。

第2話　ミャンマーの歴史

「主人公」（ミャンマーの若者）の生活背景を、より深く理解するために、十九世紀（一八〇〇年代）以降の歴史について述べていく。資料は、主に外務省公表のものと幾つかの文献を用いた(1)。

1．植民地時代から第二次世界大戦中

「ミャンマー」という国名は、一九八九年に現在の軍事政権によって決められた（変更された）ものである。それ以前は、「ビルマ」であった。ただ、軍事政権の正統性を認めていない欧米諸国の中には、今も「ビルマ」を用いることがあると言う。本書では、これが改名される年までは、基本的に「ビルマ」を用いる。

ビルマは、十九世紀に入りイギリスとの三度の戦争を経験する。その三度目は、一八八五年に始まり、その結果、翌年の一八八六年に（ビルマは）英領インドに組み込まれた。要するにイギリスが支配する「インドの中の一つの州」となった。

一九四二年（第二次世界大戦中）には、日本軍（正確には、大日本帝国軍）がそこに進攻。ビルマの独立運動派と協力してイギリスと戦った。そのときの独立運動派の中心人物

が、アウン・サン氏（スー・チーさんの父親）であった。この独立運動派との協力関係を築いていた人物の一人が、鈴木敬司《けいじ》という陸軍大佐であった。

鈴木大佐は、アウン・サン氏らと深い交流を持ちこれを保護した。独立運動派に武器を与え、軍事訓練も行い、イギリス軍を撃退するために全面的に支援した。その結果、日本軍とビルマ独立義勇軍は、晴れてイギリス軍を追い払った。日本軍は、その後のビルマの独立を約束していた。そして、一九四三年にビルマ連邦としての独立が宣言された。

しかし、日本軍はその後も引き続きビルマに駐屯し、政権に影響力を持った。ビルマ政府は、事実上日本の傀儡政権《かいらいせいけん》となっていた(2)。

2. 終戦後のビルマの独立（一九四八年）

日本軍の行動と戦局の悪化をみて、アウン・サン氏率いるビルマ軍は、今度はイギリスをはじめとした連合国側と共闘して日本軍と戦った。一九四五（昭和二十）年に、日本はついに敗戦。しかし、それによって、ビルマの真の独立が叶ったわけではなかった。ビルマは再びイギリスの統治下に置かれた。

その後ビルマは、アウン・サン氏らによるイギリスとの粘り強い独立交渉により、一九四八年に「ビルマ連邦共和国」としての独立を果たす。しかし、アウン・サン氏は、その独立の半年前に政敵の銃弾に倒れる（一九四七年）。その後、彼は国民から「独立のために命まで犠牲にした英雄」として、尊敬の念を込めて「アウン・サン将軍」と呼ばれている。ここに「建国の父」として、その名を残すことになった。

３．ミャンマーの民族紛争と内戦

ミャンマー（ビルマ）の歴史は、ビルマ民族と少数民族との戦いそのものと言われている。同じ国の中で、たくさんの民族同士が、思想の違いから、利害から、それぞれの自治・独立を求めて武装化して争う。ときに停戦協定もあり、協定破りもあり。今もその武力衝突により、一般人が家を焼かれたり、家族を殺されたりしている(3)。

ミャンマー（ビルマ）の民族紛争は、イギリスから独立した後も続く。少数民族は、自分たちの独立（または強い自治権）を求める。これをときの政府が拒むと、これに反発が起きて内戦が起きる。少数民族が武装組織をつくるので、政府も国の軍事力を高め続けなければならない。こうして軍部の力が大きくなる。これが、軍事独裁やクーデターのもとになっていった。

４．軍によるクーデター（ネ・ウィン将軍）

ビルマはイギリスからの独立を果たし（一九四八年）、他国との戦争はようやく終わった。そして、「穏健な社会主義」と言われる政権が生まれる。しかし、少数民族による紛争は一向に終わらず、その後も常に不安定な社会情勢が続いた。

この混乱の中で、一九六二年にネ・ウィン将軍による「軍事クーデター」が起きた。非合法的な武力行使による政権の乗っ取りである。

このネ・ウィン将軍とは、かつてアウン・サン氏らとともに、独立を目指して戦った人であった。（ネ・ウィン将軍にも大義があったようであるが、難しい話となるのでここでは割愛する）

こうしてビルマは、軍事政権国家となった。軍事政権とは、軍隊が政権の意思決定に関わる政治体制である。一九五〇年代から一九六〇年代を中心として、多くの発展途上国では、この軍事政権が誕生している。ビルマもその一つとなった。

しかし、アウン・サン氏が目指していたビルマは、軍人が中枢を担う国家ではなく、「国民の同意に基づく共和制国家」であり、また目指すは「最大多数の最大幸福」であった。この実現のためにも、少数民族の権利を尊重し、平等を旨とする相互関係を保つことが大事であるとしていた。

クーデター後の政治体制（「ビルマ式社会主義」を示す）の結果は、惨憺たるものであった。近隣諸国のタイ、マレーシア、シンガポールなどが順調な経済成長を遂げる一方、ビルマの経済は長期の低迷を続ける。第二次世界大戦以前には、「東南アジアでは最も豊かな国」と言われたビルマであったが、一九八七年には、国連から「東南アジアの最貧国」（LDC：後発発展途上国）と認定されるまでに低迷した。

5. 民主化運動と新たな軍事政権

軍事クーデターにより誕生（一九六二年）した軍事政権に対して、国民の不満は高まった。やがて、学生を中心とした民主化運動が起こる。「反独裁」と「民主化」を要求するこの運動は、広い分野の人々を巻き込みながら、地方にも拡大していった。これに押され、ネ・ウィン氏は、党議長職から降り退陣した。（一九八八年七月）

しかし、その後も民主化運動はおさまらず、軍事政権の完全転覆を求める運動が続いた。するとそれに危機感を持った軍により、再び軍事クーデターが起き、武力により民主化運動は鎮圧された。このとき、学生、僧侶、多様な分野の一般人含めて、数千人の市民の流血があったとされている。ネ・ウィン氏の退陣から、僅か二か月後のことであった。

こうして再び、別の指導者による軍事政権が始まった。このときに、国名が「ビルマ」

から「ミャンマー」（一九八九年）へ変更される。

６．アウン・サン・スー・チー女史の登場

ここでアウン・サン・スー・チーさんが登場する。この頃、スー・チーさんは、イギリスに生活の拠点があった。この年の四月に、母親が危篤との知らせを受けて、たまたまビルマに帰国していた。「建国の父」の娘が、父親の遺志を継ぐ形で、ここに登場し民主化運動を象徴する人物となっていく(4)。

新しい軍事政権は、「民主化」を全面的に否定していたわけではなかった。そして、複数政党制による総選挙の実施を約束し、新しい政党の結成も認めた。しかし実際には、このときの軍事政権が認める「民主化」は、スー・チーさんらの唱える「民主化」とは本質が異なっていた(5)。

スー・チーさんらは、次期総選挙（一九九〇年）を目指して、政党（国民民主連盟：NLP）を結成した。そして、彼女は書記長に就任し全国遊説活動を行った。すると、軍により自宅軟禁されたのである。（一九八九年）このとき軍から、「国外退去」を条件に自由を認めると持ちかけられたが、スー・チーさんは、それを拒否したという記録がある。

そのような軍の横暴さの中、総選挙（一九九〇年）では、スー・チーさん率いる国民民

主連盟（ＮＬＰ）が大勝した。しかし軍政権は、「民主化よりも国の安全を優先する」と権力の移譲を拒否した。この軍の行動は、暴挙として国際的にも激しい批判の的となった(6)。

7．軍主導型の新憲法の制定と「民主化勢力」との歩み寄り

軍政権は、（長い間実施されなかった）総選挙の実施を約束しておきながら、自分たちが大敗すると、政権の座を譲らないという行動に出た。そして、その後もスー・チーさんらへの弾圧は続いた。

その中で、軍政権は、軍主導型の新憲法（二〇〇八年）をつくった。何とそれは、国会の議席の四分の一を、「国軍司令官が指名する者を充てる」という内容を含んだものであった(7)。

そして、この新憲法のもとで、（一九九〇年以来）二十年ぶりの総選挙が行われた。（二〇一〇年）国民民主連盟（スー・チーさん側）は、これを認めずボイコットした。その結果、軍に近い政党が圧勝。軍の傀儡政権が生まれた(8)。

軍側はこれに自信を持ち、諸外国からの批判を回避するため、また経済的発展への思惑も働き、総選挙の数日後に、スー・チーさんの（三度目の）自宅軟禁を解いた(9)。

スー・チーさんの軟禁解除を、多くの国民は喜んだ。長くの不在にあっても、スー・チーさんの人気は衰えていなかった。スー・チーさんも再び精力的に活動を開始した。再び

軍との間に緊張関係が増すかと思いきや、事態は意外にも軍側とスー・チーさん側の「対話」という方向に進んだ。アウン・サン将軍の肖像画を背景にして、両代表が並ぶ姿が報道され、出版禁止であったスー・チーさんに関する本も書店に並び始めた(10)。

8. スー・チーさんの選択

こうしてスー・チーさんは、国会議員の補欠選挙で当選する。(二〇一二年)また、NLD(スー・チーさん側)も多くの議席を獲得した。

日本外務省の資料では、「二〇一二年四月一日、議会補欠選挙が実施され、アウン・サン・スー・チー氏率いるNLDが四十五議席中、四十三議席を獲得」とある。しかし、このスー・チーさんの立候補に対しては、国民の意見は二分していた。

ひとつは「軍政権へのすり寄り」という批判である。軍政権に対抗し圧勝した一九九〇年の総選挙での主張は「軍の政治への関与の全面否定」であり、これが重たい民意のはずであった。彼女の立候補は、軍のつくった横暴な新憲法を認めることにつながる。軍との妥協を許さない勢力からの、スー・チーさんへの批判は当然のことであった。

しかし、この時点での彼女のこの判断は、やむを得ないという見方もある。このときのスー・チーさんは六十七歳(一九四五年生)。すでに国民民主連盟(NLD)は解党処分を受けており、この状況下で、軍政権側と対決姿勢を取れば、再び拘束されかねなかった。それが長期に及んだ場合に、民主化運動は大きな打撃を受ける。これは明らかであった。

このスー・チーさんの姿勢の転換は、二〇一五年の次期選挙での巻き返しを狙ったもので、やむを得ない「苦渋の選択」であった(11)。

このような情勢の変化の中で、ミャンマー軍事政権のやり方に対して批判的であった諸外国も、一部経済制裁の緩和を行い始めた。

９．総選挙で政権奪取（二〇一五年）

軍政権側と対話を進める中で、スー・チーさん復活後の総選挙（二院同時）が実施された。（二〇一五年）その結果、両院ともにＮＬＤ（スー・チーさん側）の大勝。現与党側（ＵＳＤＰ）の大敗であった。「〝自由で公正〟な選挙が行われれば、ＮＬＤが有利」とは言われていたが、結果は、その予想以上であった。日本の外務省もこの選挙結果について祝福している(12)。

この勝因についての総合的な見方として、最も上位にくるのは、スー・チーさんの圧倒的な人気とＮＬＤの地道な組織強化と拡大。特に、スー・チーさんは、独立の英雄アウン・サン将軍の娘。この威光があり、合計十五年を超える自宅軟禁にも屈せずに、国の民主化に向けて身を投じてきた。それが民族間を横断して支持を得たというものであった。
そして、その翌年の二〇一六年にスー・チーさん側の新大統領（新政権）が誕生する。

10．軍事クーデター（二〇二一年）

続いて、その五年後の二〇二〇年十一月の総選挙。ここでもスー・チー議長率いるNLDが大勝。ところが、その選挙から三か月後の二〇二一年二月、ミャンマー国軍が、大統領とスー・チーさんら政権幹部を拘束。「非常事態宣言」を発令した。

軍政府が発令した「非常事態宣言」とは何なのか。これは国軍系野党が、この総選挙（上下両院選）で、「有権者の二重登録などの不正投票が疑われる事例が八六〇万人分あった」として、この選挙結果を「無効」と主張。よって、この選挙による政権の成立はありえない。代わって、暫定的に自分たち（国軍系野党側）が指揮をとり正常に戻す。その期間を定めるというものである。これに、国軍出身のミン・スエ副大統領が、大統領代理として署名（宣言）。そして、NLDの幹部を拘束。全権（立法・行政・司法）は、ミン・アウン・フライン国軍総司令官が掌握した(13)。

当時の日本のメディアでは、「ヤンゴンでの携帯電話回線の不通」「ネピドーでのインターネットの不通」「ヤンゴン国際空港への道路が警察によって遮断」などの物々しさが報じられている。

この「非常事態宣言」は、その後も延長が繰り返され、直近では、二〇二四（令和六）年八月一日からの半年間（六回目）の延長が決まった。

11. スー・チーさんの現在

アウン・サン・スー・チーさんの現在について、日本のマスメディアによる報道を整理してみる。

（一）スー・チーさん有罪（禁固刑）

クーデター（二〇二一年二月）から十か月後の報道。

読売新聞オンライン（二〇二一年十二月十日）では「スー・チー有罪　政治生命を奪う不当な判決だ」という見出しで、スー・チーさんが有罪判決を受けた裁判の不当性を指摘している。

この報道によると、「スー・チーさんに禁固四年の有罪判決が言い渡された。恩赦によって二年に減刑されたが、他にも汚職や選挙違反など十件以上の罪で訴追され、全て有罪なら、刑期は最大で一〇〇年を超える。そして、スー・チー氏が政界に復帰するのは絶望的な状況」としている。

また「罪状」の中身は、「スー・チー氏が率いる政党が軍のクーデターを非難する声明を出したことが、社会不安の扇動罪にあたる」「昨年（二一年）十一月の総選挙の運動で、スー・チー氏がマスクをつけずに手を振ったことが、新型コロナウイルスの感染を防止する法律に違反したとみなされた」というようなもの。報道は、その恣意的、政治的解釈を非難し、その量刑の重さも度を越えていると指摘している。

（二）ＮＬＤ（スー・チーさん側）の強制的解党

クーデター（二〇二一年二月）から約二年後の報道。

ＮＨＫウェブサイト（二〇二三年三月二十九日）からの見出しは「ミャンマー　スー・チー氏が率いる政党の解散を発表」である。

内容は、「ミャンマーの選挙管理委員会が、スー・チーさん側の政党ＮＬＤを解散させることを発表した」というもの。報道では、この民主派勢力側の政党を排除する行動に対し「選挙自体の意義が問われることになる」と指摘している。

（三）スー・チーさんは「恩赦」適応外

クーデター（二〇二一年二月）から約三年後の二〇二四年に入ってからの報道。NHKウェブサイト（二〇二四年一月五日）の見出しは「ミャンマー　独立記念日にあわせ受刑者九千六百人余に恩赦与える」。

内容は、「軍側が、独立記念日にあわせ、民主活動家らを含む受刑者九六〇〇人余りに恩赦を与えた。しかし、その中に、スー・チーさんが含まれているという情報はない」というものである。この恩赦は、「国軍側は、少数民族の武装勢力との戦闘が続いている中、今回の恩赦を通じて、国内外からの批判をかわそうとした」という見方がされている。

注

（1）出典資料・文献

①田村克己・松田昭男編著・二〇一三『ミャンマーを知るための60章』赤石書店

②伊藤千尋・二〇一七『凛とした小国』新日本出版

③福森哲也・小原祥敬嵩著・二〇一二『ミャンマー・カンボジア・ラオスのことが3時間でわかり本』明日香出版社

④山口洋一・寺井融著・二〇一二『アウン・サン・スーチーはミャンマーを救えるか？』株式会社マガジンハウス

（2）鈴木大佐は、日本軍大本営本部とは異なる意見を持っていたが、この結果、大佐は独立運動派と日本軍大本営との間で板挟み状態となり、日本軍の命令により日本本土に帰還する。しかし、鈴木大佐自体は、その後も独立運動派から慕われ続けた。戦後、イギリスにより戦犯指定され、ビルマに連行された鈴木氏を、アウン・サン氏が擁護（イギリスに猛抗議）して釈放させたという記録もある。さらに、ビルマ政府は後の一九八一年に、ビルマ独立に貢献した鈴木氏ら旧日本軍人七人に、国家最高の栄誉「アウンサン・タゴン（＝アウン・サンの旗）勲章」を授与している。このとき鈴木氏本人は逝去していたために、ご夫人がこの勲章を受け取っている。

（３）　ミャンマーの「民族紛争の歴史」の上に拍車をかけたのが、イギリスの植民地政策と言われている。イギリスは、一八八六年にビルマを植民地とし、その際の植民地政策に「分割統治」という手法を用いた。政治の中枢にはイギリスが位置し、（イギリスにとって）一番の脅威となる最大多数のビルマ民族を管理するために、少数民族カレン族（キリスト教徒が多い）を、その官吏（政府の役人）にあてた。大きなビルマ民族は、最下層の農奴におかれ、その不満の矛先は、イギリスよりもカレン民族に向けられた。こうしてイギリスは、民族間対立を狡猾に利用してビルマを統治した。これがイギリスによる「分割統治」として（異なる説もあるが）通説となっている。

（４）　スー・チーさんは、イギリスのオックスフォード大学で政治、経済、哲学を、アメリカの大学院でも国際関係論やビルマの政治史を学んだ。また、来日（一九八五年）して、父のアウン・サン将軍の歴史研究も行っている。
（5）軍事政権の言う「民主化」とは、政治における軍の指導的な立場・関与を前提とした「民主化」であった。他方スー・チーさんらの唱える「民主化」とは、軍の政治への関与を全面的に否定して、シビリアンコントロール（文民統制）の原則に基づいたものであった。軍が主導者ではなく、（軍は）民主主義の中で文民（軍人以外の人）の統制下にあるものという位置づけである。
（6）このとき軍政府は、首都機能をヤンゴンからピンマナ県（ヤンゴン市の北方約三〇〇キロメートル）に移転する旨を発表し、新首都をネーピードー（ネピドー）と命名した。（二〇〇五年十一月）
（7）日本外務省の資料によると「二〇〇八年五月十日、新憲法草案採択のための国民投票を実施（一部地域は二十四日に実施）。九十二・四％の賛成票で（投票率九十九％）で新憲法承認」とある。
（8）日本外務省の資料によると「二〇一〇年十一月七日、総選挙が実施され、国軍出身者が率いる連邦連帯開発党（ＵＳＤＰ）が大勝。スー・チー氏率いるＮＬＤは総選挙をボイコット」とある。
（9）日本外務省の資料によると「一九九〇年には総選挙が実施され、アウン・サン・スー・チー氏率いる国民民主連盟（ＮＬＤ）が圧勝したものの、政府は政権移譲を拒否。アウン・

サン・スー・チー氏率いる民主化勢力は軍政による厳しい弾圧を受け、同氏自身も二〇一〇年までの間、三回、計十五年に亘る自宅軟禁に置かれた」とされている。

(10)　これはこの総選挙で発足した新政権（軍側）の大統領（テイン・セイン）の考えであった。彼は軍出身ではあったが、これまでとは違い「対話」による解決を模索しようとした。これは、スー・チーさんが、最初から強く求めていたことであったが、長く無視されてきたことでもあった。

(11)　確かにこの方針転換は、長きにわたって膠着した対立状態を打破する可能性は秘めていた。話し合いによる平和的な解決は民主主義の根幹。これを勝ち取るチャンスでもあった。さらに「対話」の実現は、スー・チーさんが、再び民主主義を広く国民に訴える機会となる。

(12)　日本の外務省もこの選挙結果について、「祝福」するとともに、「双方の対話が円滑に進み安定した政権の下、ミャンマーの民主化と諸改革が更に進展することを期待する」旨の外務大臣談話を出している。

(13)　日本外務省の資料には「二〇二〇年十一月八日、総選挙実施。アウン・サン・スー・チー議長率いるＮＬＤが再び大勝。二〇二一年二月一日、ミャンマー国軍が、ウィン・ミン大統領、アウン・サン・スー・チー国家最高顧問らを含む政権幹部らを拘束。非常事態宣言を発出し、全権を掌握し、二月二日には、国軍司令官を議長とする国家統治評議会（ＳＡＣ）を設置」と記されている。

第3話　ミャンマーの国民性

ここではミャンマーの人々の人柄や特徴について述べる。論文や文献、情報資料の他、実際にミャンマーでの生活経験がある人などのお話をもとにしている。

1．友好的で温和な国民性

ミャンマー人は、男女ともに友好的で温和、協調性と思いやりの心を大切にする。また「ミャンマーは世界一慈悲深い国」と評価する調査報告もある(1)。

仕事にもまじめであるが、その裏側として、遠慮や我慢のし過ぎがあるという指摘もある。また、親や年長者を敬う。そのため、親の意向が子の意思決定に強く影響する傾向がある。家族を大事にして、その「家族」には遠い親戚が含まれる場合もある。ここらは他の東南アジア国にも共通している。

2．背景としての仏教

この国民性の背景には信仰がある。ミャンマー人は約九割が仏教徒。例えば、この国では、一生のうち一度は（特に子どものうちに）出家するのが一般的。出家とは、家庭生活を離れて、修行者として、仏弟子としての生活に入ることである。

ミャンマー人は、僧侶に大きな敬意を表す。黄金の仏塔「パゴダ」は、ミャンマー仏教の総本山。筆者も参拝したが、腰を抜かすようなスケールで、僧侶もあちらこちらで見かけた。本来は観光スポットであるが、内戦の影響であろう観光客は全く見当たらない。参拝しているのは現地の人たちだけであった。

黄金の仏塔「パゴダ」

ミャンマーの仏教について。仏教は、仏陀《ブッダ》の教えの解釈の違いから、「大乗仏教《だいじょうぶっきょう》」と「上座部仏教《じょうざぶっきょう》」の二つの宗派がある。ミャンマーは、後者の「上座部仏教」である（ちなみに日本は前者）。

上座部仏教を「小乗仏教《しょうじょうぶっきょう》」と呼ぶことがある。これは大乗仏教派が、枝分かれした側に対して、差別的な意味を込めて付けた呼称とされている。よって、今はあまり使われていないと言う。

仏教では、「功徳《くどく》」として、「善い行い」を積み上げることが大事とされている。人に親切にすることが奨励され、というよりも「人のために何かをすることは当たり前」という考え方である。

そして、ミャンマー仏教（上座部仏教）では、「現世で自分の身に起きることは、前世で積んだ徳の高低によって決まる」と考える。ということは、「現生」で徳を積んでおかないと、「来世」で幸福になれない。現生では苦しくても、そこを乗り越えて徳を積んでおけば、来世での安穏とした日々が待っているということになる。輪廻転生《りんねてんしょう》が深く信じられている。

また、この「転生」は人間界への生まれ変わりとは限らない。悪行を働くと、下等動物への転生さえ待っている。

パゴダで手を合わせる僧侶

3．托鉢《たくはつ》と喜捨《きしゃ》

ミャンマー仏教の習慣の一つに「托鉢」がある。托鉢は、修行僧が在家信者から〝施し〟を受け取る伝統的な行為である。

修行僧は、生活に必要な最低限の食べ物などを求めて、人の家を訪問しそれを求める。日本でいうと、いわゆる〝乞食《こじき》〟のような行為であるが、ミャンマーでは、劣った行為でも恥じる行為でもない。

ミャンマーに渡航した際には、筆者もたびたびこの托鉢を見かけた。あちらこちらにいる印象である。あずき色の袈裟を身にまとった修行僧の小集団が移動する。各自、小鉢を抱えて軒下を訪ね、食べ物や金銭のお布施を呼びかけていた。

「托鉢」は二重の意味を持っている。ひとつは、僧侶たちが食べ物を得る手段。もうひとつは、（施しを行う側の）在家信者たちにとっても、それ自体が「善行の積み上げ」になっている。つまり、修行僧は、托鉢という行為を通じて、相手に「善行の機会」を与えている。双方のために行われる行為。お互いに徳を積んでいるのである。

次に「喜捨」である。喜捨とは、寺社や貧しい人に対して、進んで金品を寄付・施捨する行為である。「常に利他的な心をもって生きる」という教えであり、これは、人々の積極的なボランティア活動に繋がっている。

ミャンマーの寄付文化は半端なものではなく、常に与えることで幸せに近づけると信じている。「東南アジアの最貧国」と言われる国の人々であるが、その中にあっても〝利他〟の心を大切にする。

4．ミャンマーの老人ホーム

「ミャンマーの文化」を象徴するひとつの形として、この国の老人ホームについて少し触れる。ミャンマーは「東南アジアの最貧国」であり、日本の社会保障制度（一般会計予算の三分の一を占める大きな分野）を念頭に置くと勘違いを起こしてしまう。

老人ホームの運営は、基本的に篤志家によって行われている慈善活動である。要するに国家が政策としてつくり、それを支えるという発想はない。当然、国はその運営にも責任を持たない。私が訪問した老人ホームでは「米のみが政府から与えられる」との説明を受けた。

篤志家は、少なからずの私財を投じてそれを建てる。そして、日々の運営はボランティアと寄付金で賄う。嘘のようであるが本当の話である。

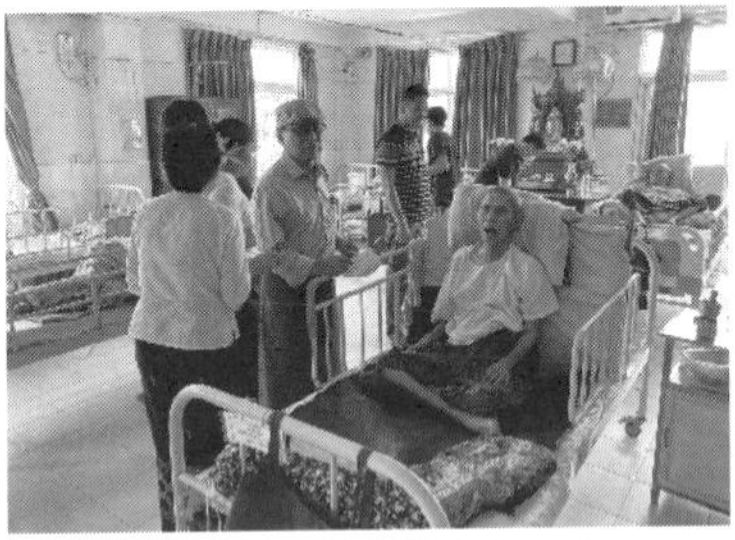

ミャンマーの老人ホーム

スタッフは若者が多く、ボランティア看護師もたくさんいた。給料をもらっている人もいるが、少数で低賃金である。

寄付は毎日あるという。壁にずらりと寄付者名簿（予定表含む）が掲示されていた。玄関を入ると、オープンなオフィス空間があり、その中に「寄付受付」の専用デスクがある。

ミャンマーでは、自分（たち）に、何か良いことがあると、他者を助ける寄付行為が起こる。「何か良いこと」とは、「親せきの家に子どもが生まれた」「家族が結婚した」「子どもが出家した」などである。

筆者の訪問の際、たまたまミャンマーで有名な作家さんも寄付に来ていた。度々訪れるそうである。写真のベッドに手を掛けているベレー帽の男性である。

写真の部屋には二十名超のお年寄りがいる。見えづらいが、部屋の奥側にはお釈迦様がいる。食事の前にはお祈りがある。

入所できる要件は、いろいろある。一般的には、全く身寄りがなく健康状態に問題がない人である。家族がいる人や独りでも生活ができる（できそうな）人は対象外。筆者が訪問したsee sar yeik old age care centerは、逆に病気になった人を受入れるという数少ない施設であった。

５．親日性

ミャンマーには、親日家が多いと言われている。その背景については諸説あるが、ある文献では、次のように述べられている(2)。

まず「和を以て貴しとなす」という「共同体意識」である。ここが日本と共通している。ここは欧米の「競争文化」とは異なる。関連して仏教徒が多い（但し、日本は「大乗仏教」）。同じく双方とも平和志向国家である。

ミャンマーの「紀元前二世紀から七世紀まで栄えた王朝」では、王朝の勢力下にある都市国家同士の利害対立で、軍隊が出動することは極めて稀で、代表選手の一騎打ちで勝敗を決めていたと言う。

さらにミャンマーの親日観の背景には、イギリス支配下において根づいた「反英感情」の作用があると言う。

前話でも述べたが、ミャンマーは、十九世紀に入りイギリスとの三度の戦争を経験する。その三度目は、一八八五年に始まり、その結果、翌年の一八八六年に英領インドに組み込まれた。そして、非常に長期にわたってイギリスの支配下に置かれた。

イギリス人は、ミャンマーの人々を常に見下し、対等に扱うことはなかった。例えばイギリス人は、現地の者が自分たちを呼ぶときは、必ず「マスター」と言わせてきた。これは主人に対して召使が使う言葉である。

イギリス人がいる部屋では、ミャンマー人は靴を脱ぎ、跪いて合掌し挨拶する。ミャンマーの人々は、その神聖なパゴダに入るときは、必ず裸足になる。しかし、イギリス人は靴を履いたまま入る。こうしてミャンマー人は、常にイギリスに痛めつけられてきた。これに対して、日本人はミャンマー人を同胞として温かく遇してきた。

日本軍はビルマ国軍を育て、そのイギリスを一緒に追い出してくれた。そして、一九四三年にビルマ連邦としての独立が宣言された。この「独立」は形式的（傀儡政権）との批判を受け、日本にも行き過ぎはあったが、そのときにビルマの政権も生まれ、そこに反日感情は生まれていなかった。

現地の人に助けられた「インパール作戦の生き残り」という伊豆のある僧侶が、その後、社会貢献家となり、ミャンマーの教育大臣と面会をした。実は、ビルマ戦線では、現地ビルマ人たちは、たくさんの日本兵を助けていた。その教育大臣は「戦争中に日本兵をもっと助けてあげられなかったことが負い目になっている」と言ったという。

実は、当時のビルマの人々は、イギリス軍に厳しく監視されていた。その「イギリス軍」と「日本人」との間に挟まれていた。そこには複雑な感情があったと言うのである。

注

（１）イギリスの慈善団体「チャリティーエイド基金団体（ＣＡＦ）」が毎年発表している「世界思いやり指数」（World Giving Index）の中に「世界寄付指数」というものがある。これは、国民が、過去一か月以内に、どれくらい「金銭を寄付したか」「ボランティア活動をしたか」「見ず知らずの人を助けたか」の三項目をもとに算出される数値で、これにミャンマーは世界一位になったことがある。

（２）山口洋一・寺井融著・二〇一二『アウン・サン・スーチーはミャンマーを救えるか？』株式会社マガジンハウス

第２章　ミャンマーからやって来た若者たち

第１話　ミャンマーの若者はなぜ日本に来たのか

１．ミャンマーの若者たち

筆者は今回の取材で、ミャンマーの若者たちから二つの場面において、話を聴くことができた。その中には、一部男性もいたが、全体では約九十％が女性であり、ここからは「彼ら・彼女ら」ではなく、略して「彼女ら」「彼女たち」と表記させていただく。

二つの場面とは、一つ目が、監理団体が行う「入国後講習」を受けている段階である。二つ目が、それを修了して実際の介護現場で実習をしている場面である。その人数は、前者（入国後講習）では三十五名。後者（介護施設）では二十二名。延べ数で合計五十七名。前者と後者では重複者（六名）がいるので、実数では五十一名であった。

入国後講習の場所は、ＴＥＣＳが所有する宿泊型研修センター「木鶏《もっけい》の杜《もり》」（広島県東広島市志和町）である。ここでは、三期（別日程で来日した三グループ）にわたって密着した。介護施設では、広島県、山口県、島根県にわたる十施設に訪問した。

彼女らの年齢は、来日した時点でみると、平均年齢が二十三・三歳（最年長二十七歳・最年少二十歳）であった。

2. 初顔合わせ

研修センター「木鶏の杜」において、最初のグループ（七名）との出会いはこうであった。初日、筆者はまずこの日のためにつくったオリジナルの名刺を配った。名刺は両面を使い、「氏名」と「取材の目的」を書いたもので、漢字にはふりがなを付け、ミャンマー語も併記した。

筆者は彼女らの正面に立った。彼女らは、まさに〝関心〟のまなざしであった。彼女らは、いつもそうである。全員が一つのことに集中する。対象をじっと見つめる。私語はもちろん、よそ見もしない。

筆者はまず「（名刺の文字が）読めますか？」と尋

取材第1グループの第80期生

ねた。すると全員が一斉に大きな声で「はい！」と答えた。実に清々しい。呼びかけ語りかけに対して、一斉に応えてもらえることは、こんなにも気持ちの良いものなのだ。

「昨年ミャンマーに渡航した」と切り出した。彼女たちは揃って微笑んだ。以来、自分自身はミャンマーに大変関心を抱き、この木鶏の杜にも何度も訪れていることを伝えた。すると、彼女たちから「わ〜」と歓声があがった。

「今ミャンマーのことを毎日勉強している」と一冊の本を掲げて見せた。その本の表紙は、アウン・サン・スー・チーさんの写真であった(1)。彼女らは、声をあげて喜んだ。みんなスー・チーさんが大好きだと言う。

ミャンマーのこと、そして皆さんのことを本にしたい。介護施設で働いている先輩の話も聴きに行くつもり。一緒にここ（木鶏の杜）に泊まり込んで同じ体験もしたい。いろいろと聴かせてほしい。そう一気に投げかけた。そして最後に「いいですか（構いませんか）？」と尋ねた。するとその日一番の大きな声が返ってきた。「はい。いいで〜す！」一人の実習生が「私、有名人になれる！」と笑っていた。

最後に、筆者は一人一人の名前を呼ばせてもらった。そして最後に、（自分を指さし）「私は誰ですか？」と訊いた。すると一斉に「わたなべせんせい！」と返してきた。なぜこれほどに声が揃うのか。筆者にとっては、久しぶりの新鮮さであった。彼女らは、とにかく明るく、人なつっこい。（後々に出会うミャンマーの若者も皆そうであった）

異国の地「日本」での生活が始まっている。近くに家族も親戚もいない。不安がないはずはない。しかし、それよりも「希望」という二文字が、それを上回っているのではないか。また、恐らく今の環境に「安心感」を持っている。だからこんなにも明るい。筆者はそう想像した。そして、この日から始まった取材で、その想像が、概ね間違いではなかったことが分かってきた。

木鶏の杜では、まずは彼女らと交流の時間を持った。一緒に宿泊して、朝も一緒に体操を行い、掃除もともにし、課外での学習にも同行した。「課外学習」とは、地元の消防署での防災研修や広島平和記念公園での平和学習である。

講習期間の中頃にアンケートに協力してもらった。そして、それをもとに直接インタビューを行った。表情、声、感情の動きにも注意を払いながらのやり取りを重ねた。その過程で、彼女たちに対する理解は、どんどん深まっていった。

3．日本への入国まで

彼女らが経由した「送り出し機関」(2)は、皆が同じわけではなかった。送り出し機関とは、技能実習生の母国にあって、(技能実習生を)募集、教育して、それを日本の監理団体に取り次ぐ機関である。彼女らは、ここを「agent」(エージェント)と発音していた。

彼女らは、来日までの流れを、概ね次のように説明してくれた。あくまでも彼女らの経験からである。

まず母国で、送り出し機関が行う「日本語試験」と「面接試験」を受ける。主な試験はこの二つである。そこでは、約四割の者が合格したと言う。

合格するとヤンゴンへ単身で引っ越し。約一年余りの「入国前講習」を受ける。主には日本語と介護の勉強をする。日本語の習得に関する流れは次のようになる。

まずそれぞれの送り出し機関において、約三か月間をかけて日本語能力試験での「Ｎ５」を取る。五段階レベルの中で、最もやさしい初級試験である。この研修費用が十七万チャット。日本円で約一万一九〇〇円(3)。

次に約四か月間をかけて「Ｎ４」を取る。これに二十万チャット。日本円で約一万四〇〇〇円。そして、人によっては、その後、約五か月間をかけて「Ｎ３」を取る者もいる。ここでは二十二万チャット。日本円で約一万五〇〇〇円。

技能実習介護では、Ｎ４以上の取得が、日本に入国するための条件となっている。よって、この段階では、まだ特にはＮ３まで目指さない実習生もいる。

これらを乗り切ったところで、晴れて日本へ行ける。このときに二八〇〇ドル（ＵＳドル）を支払う。（執筆時点で日本円になおすと約四十四万円〜）

来日すると早速、日本での講習に入る。入国後講習である。そこを経て、介護施設の配属へと移っていく。

以下は、彼女らがアンケートに書き記してくれたものである。ここでは、基本的に誤字脱字も含めて原文のママにして、算用数字は漢数字に変換した。

「日本語をいっしょうけんめい勉強しました。お金も時間もかかりました。かぞくみんなが支えられるのをもらいましたから、日本に来れました」

「がっこう（筆者注：母国での講習）はきびしいだからつらいでした。かぞくからお金をたのむが不安でした」

彼女らのここまでの諸費用は、生活費も含めて家族に頼ることになる。中には貯金を使った、親戚や（親切な）近所の人が貸してくれたというケースもあった。

借りたお金は、後々自分たちが稼いで、そこから返していく。しかし利子がつく。それでも技能実習生になれた自分たちは、とても幸運な方であると言う。そもそもお金の工面ができない人は、そのチャンスすら与えられないことを彼女らは知っている。

４．技能実習生の背景

彼女らの半数以上が、農業を主とする家庭の子であった。その他、父親が運転手、電気製品の修理工、母親が小さな店で卵を売っているなどがあった。

兄弟姉妹も海外で働いている、またはその予定であるという実習生が約二十％。その海外とは、中国、韓国、シンガポール、そして日本。

彼女らの約三十三％が大卒者であった。さらに驚いたのが（それよりも多い）三十七％が大学中退者（休学含む）であった。何故、せっかく入学した大学を辞めたのか。その理由はみんな同じであった。

「本当は（大学を）辞めたかった訳ではない」「戦争（内戦）が起きたから仕方なかった」「政治のせいである」

この話になると、皆、身を乗り出して話し出す。彼女らが大学中退の道を選んだのは、母国の政治への失望と、現在の国軍政府へのレジスタンス（抵抗の意思表示）なのだと言う。

5. ミャンマー内戦の影響

彼女らが被ったその「戦争被害」はさまざまである。

「私にとって大学をきゅうがくしたのは大きな被害です。私の大学が国境付近で、危険があるから、両親が大学への復学を許しません」

「私はせいじのせいで　だいがくを三ねんまでかよってやめました。私と一緒にわかいひとたちも未来がなくなりました。おおぜいのひとも、こんなんとたたかいました」

「戦争で被害を受けました。私は高校卒業後二〇二一年二月一日政治（※横線は筆者）だった。それは私にとってたくさんのことを感じました。皆の未来が失われました。政治のせいで私の目標は失われました。もう大学へは行けない。ほかの人は家をやかれて、友だちも亡くなった。私はこのせんそうがなくなって国が平和になってほしいです」

ここで記してある「二〇二一年二月一日政治」とは、ミャンマー国軍が起こした軍事クーデターの日である。

恩師や友人が死んだ。直接の被弾や被爆ではないが、翌日祖母がそのショックで亡くなった。家を焼かれて家族とともに浮浪を余儀なくされ、その過程で一家が散り散りとなった。

未だ親の居所がはっきり分からない。そして、ＰＤＦ（国民防衛隊）に加わった友人が捕まったという話も出た(4)。

その中で彼女らが最も声を大にしたことは何であったか。一番の大きな〝被害〟とは、「国内紛争の結果、自分たちの将来が消えたこと」であった。彼女らはこれを「夢を奪われたことが大きな被害」「未来が無くなった」と表現した。

６．若者が海外へ出ていく理由

ミャンマーの若者は、どうして海外を目指すのか。この問いに、彼女らは即答した。

ミャンマーの国民はみんな貧しい。若者には仕事場がなく、あっても給与が安い。高卒では働くところがない。大卒で少しマシなだけ。

国内で戦争が起きている。地域によるけど、村に兵士がやってきて爆撃され、家が焼かれ、人が死ぬ。兵士によるイジワルもある。

私のおばあさん（祖母）は、撃たれたわけではないけど、爆撃の翌日に体調を崩して亡くなった。

この子（自分の隣の席の実習生を指さして）の家族は、今も家を離れ、逃げまどっている。危ないから逃げないといけない。すると仕事を失う。お金が入らない。食べることができなくなる。

泥棒が増えている。以前はそこまではなかった。仕事もなく、お金もないからこうなる。警察を呼んでも無駄。ときには捕まえてくれるが、（警官に）お金を渡すと（泥棒は）見逃してもらえる。

彼女らは、これらを我も我もという勢いで筆者に語り続けた。

「父は私たち三人しまいをささえてくれました。お金もたくさんかかりました。大人になってから私がわかりました。だから家族をまだ、私がささえたいとおもって、日本へきました」

「今年二月に軍がミャンマーの全国民に軍への入隊命を出したので、一刻も早く日本に行きたくかったです」

これは実習生がアンケートに記したものである。筆者は直接尋ねてみた。前者の実習生は、自分を含めた三人姉妹を育ててくれた父親への恩返しをするのだと言う。後者は、二〇二四年二月にミャンマー国軍政府が発した「徴兵制」（入隊命令）のことである。これには、国軍が、民主派や少数民族武装勢力との衝突で劣勢となっていることが背景にあるとみられている。召集を拒否した場合は、「三年以下の禁錮や罰金」が科せられる。

現在のミャンマーの内戦は出口が見えない。民主的な手続きとして行われた総選挙の結果を、軍部がクーデターで反故にした。信じられないような異常事態から始まった紛争である。

それが泥沼化して、民主派勢力の抵抗運動で、地方部では毎日のように市民側と軍側の双方に犠牲者が出ている。これを強引に弾圧しようと、民間人を巻き込むような空爆、民兵を動員して村の焼き払いも起きている。そこに若い彼女らも巻き込まれている。

現在の政治（軍事政権）に対して、ミャンマー国内では「市民的不服従運動」（ＣＤＭ）(5)が広がっていると言う。

実際にデモに参加した実習生もいた。警察が鎮圧にやって来ると、自分でも信じられないくらいの物凄い素早さで逃げたのだと言う。

そのような中で、国民の生活はますます厳しくなる。こうしてミャンマーの若者は、母国に見切りをつける。大学を中退して、あるいは仕事を辞めて、海外での〝生きていける場所〟を探し求める。

若者の海外流出は、今の政治に対する「抵抗」の意思表示でもある。アウン・サン・スー・チーさんを慕い、その身を案じ、「スー・チーさんが大好きだから大学をやめた」「ミャンマーが良いときであれば国を出なかった」と言う実習生もいた。

もちろん中には、紛争勃発に関係なく、最初から日本を目指していた実習生もいたが、少なくともここでは、内戦により大きな決断を迫られた若者がほとんどであった。

７．なぜ日本なのか

ミャンマーの若者が目指す海外とはどこなのか。日本の他には、タイ、マレーシア、シンガポール、コリアン（韓国）などが挙がる。その中で、日本を選んだ第一の理由は異口同音であった。「安全な国だから」である。

日本は戦争のない平和な国。親もそう思っているから賛成してくれた。そして、たくさん掃除をする清潔な国。給与が良くて、規則が厳しくそれが守られる。チャンスがある国。また日本人は、時間や規則を守り、まじめで親切。彼女らは、日本（人）をそのように理解している。

ミャンマーで日本に憧れる若者は多い。周囲のみんなが（日本を）勧めてくれたのだと言う。

しかし、希望すればみんなが海外へ行けるわけではない。自分たちは「貧富」でいうと中間層。「お金持ち」から「貧乏」までを、仮に五段階（Ａ～Ｅ）に分けると真ん中のＣ階層くらいだと言う。

自分たちは高校に行くことができた。しかし、そこに行けない人も三割くらいいる。中には、中学校、小学校に行けない子もいる。文具や本が買えない。貧乏だから働かなければならない。このような人たちは、海外へ行くなど到底かなわない。

一方で彼女らは、自国ミャンマーのことをこう評価する。

ミャンマーは資源が豊か。仏教の国でパゴダもたくさんあり、やさしい人が多い。しかし、規則が守られない。法律があっても緩い。言い換えればルーズ。例えばゴミの分別はしない。「ゴミ出しの日・場所」が明記してあっても守られない。

以下は、彼女らがアンケートに書き記したものである。

「ミャンマーはぶっきょうの国です。親とおとしよりをいつもたいせつにする国です」

「ミャンマーは、だいぶつはたくさんあるし、ミャンマー人も親切な人はたくさんあります。でも法律があまり良くない国です」

「ミャンマーは仏教国だから優しい人は多いです。でも法律があまり良くない国です。ごみの規則も悪いです。日本はきれいで、ごみもありません。良い政府と良い国民とおもいます。日本のようなミャンマーになりたいです」

注

（1）二〇二二年七月．山口洋一・寺井融『アウン・サン・スー・チーはミャンマーを救えるか?』株式会社マガジンハウス

（2）「技能実習生になろうとする者からの技能実習に係る求職の申込みを適切に本邦の監理団体に取り次ぐことができる者として主務省令で定める要件に適合する者をいう」（外国人の技能実習の適正な実施及び技能実習生の保護に関する法律施行規則の条文）※プロローグも参照。

（3）第一章でも述べたが、ミャンマーの通貨は「チャット」（Kyat）で、これを日本円になおすと一〇〇チャットが約七円。これをもって計算した。但し、本書執筆期間においても約七・七円であった時期もあった。

（4）ＰＤＦ（Peoples Defence Force）ミャンマーでは、クーデター後、軍に抵抗するため、民主派勢力が結成した「ＰＤＦ＝国民防衛隊」と呼ばれる武器を持った市民と軍との間で激しい戦闘が続いてる。国民防衛隊は、全土で六万五千人いるとされ、その多くが二十代や三十代の若者たちと見られている（※アメリカ平和研究所発表：二〇二二年十一月時点）。

（5）医療関係者から始まり公務員も参加して、デモや軍事政権下で働くことを拒否する非暴力の抵抗運動。

第2話　なぜ「介護」なのか

1．彼女らはなぜ介護の仕事を選んだのか

前章においてミャンマーの社会情勢を概観した。しかし、そこにもって彼女らの生の声を聴くと、それがより生々しく伝わってくる。ミャンマーとは対照的な国である日本は、彼女らにとって憧れの国なのである。では、なぜその中で、介護の仕事を選んだのか。

技能実習制度に「介護職種」が追加されたのは、まだ新しい話である。公式な記事には（介護職種の）「技能実習計画の認定申請の受付については、平成二十九年十一月一日から開始」となっている。（平成二十九年＝二〇一七年）

また、「介護職種」では、「介護サービスの特性に基づく様々な懸念に対応するため、介護固有要件を定める」とされている。その「固有要件」の一つが、「日本語能力」である。他の職種に比べて、より高いレベルの日本語力が要求されている。入国時にＮ４以上を必須としているのは「介護職種」だけである。そのハードルが高い「介護職種」を選んだ理由を、彼女らはこう語る。

「びょうきでこまっている人たちを自分の手でたすけたい」

「祖父母お世話をしたことがあります。祖父母はできないことを、私はてつだうとき、祖父母からえがおをみました。そのえがおは、私のためにとてもたのしいです」

「介護の仕事は、ひとを手伝う仕事なので、私にあうとおもいました。ですからこの仕事をきょうみがあって選びました」

「私はそぼにいっしょに住んでいます。そぼの足が悪いので、なにをできない。私はそぼの生活をてつだいました。私ならできる仕事だとおもいました」

「おとしよりののこった人生を、無事にすごせるように、てつだってくれるのは、いい仕事ですからえらびました」

「父は体にマヒがあるのでうごけません。だから食事やちゃくだつの世話をしています。父のような体のふじゆうな人と、おとしよりの世話をしたいです」

「ミャンマーでボランデーアーをしたことがあります。それをやったあとで、介護の仕事がもっとおもしろくて私に合うと思いますので、えらびました」

「日本のかいごは、せかい一すすんでいるです」

これらも彼女らがアンケートに記した答えである。筆者は直接確認してみた。彼女らは、この質問には即座に答える。身を乗り出して答える。

2. ミャンマーの仏教

これまでも彼女らの口からは、何度も「仏教」という言葉が出てくる。ミャンマーの仏教（上座部仏教）については、前章でも述べた。ミャンマーでは、約九割が仏教徒。彼女たちは毎日お祈りをする。写真はある現場実習生の住居で撮らせてもらった仏像である。そこは二人暮らしであり一人が一つずつ持っていた。

仏教では「功徳」として、善い行いを積み上げることが大事とされていている。その教えは、「善いことをすれば、善いことがおきる。悪い行いをすれば、悪いことがおきる。善いことをしないと、次に生まれ変わったときに、よくないことが起きる」である。

実習生が住まいに置いている仏像

また、「現世」で自分の身に起きることとは、「前世」で積んだ徳によるもの。「現生」で徳を積んでおかないと、「来世」で幸福になれない。彼女らは、幼いころからこのように教えられている。そして、彼女らは、この教えを誇らしそうに語る。

「善いこと」とは、純粋な心を持つこと。やさしいこと。

人に対して親切行為を行うのは、その象徴なのである。

寄付も善いこと。僧侶には寄付をする。自分が貧しくてもこれは行う。「悪いこと」とは、イジワルや、善くないことを考えること。

お年寄りのお世話するのは善いこと。お年寄りを大切にするのは善いこと。だから介護の仕事は善いこと。介護の仕事は楽しい！

ミャンマーでは、多くは親や祖父母と一緒に暮らす。私は六人家族。私は十人家族。だから親は寂しくはない。敬う人の順番は、一番に僧侶と親。二番に先生。三番目に年長者。こう口を揃える。これが「ミャンマー人は介護向き」という言われる所以である。

第３話　これから日本で何を目指すのか

１．これから日本の介護施設で働くことについて

彼女らは、間もなく介護現場に出ていく。これについては、どう思っているのか。彼女らは、ここまでやって来れたことに感謝しつつこう答える。

「日本にきたいゆめが、かなえられたことがうれしい」

「私はおじいさん、おばあさんの世話をすることが好きですから、たのしみにしています」

「おとしよりとたくさん話したいです」

「一緒にうたをうたい、おどりたいです」

「楽しく過ごしたいです」「仲良くしたいです」

一方で、不安な点はないのか。

日本語がどこまで上達するのか。日本の職場に溶け込めるか。ゴミ出しルールはきちんと守れるか。季節・気候の違いに馴染めるであろうかなどと話す。

「かいごの仕事は、ひとのいのちに、かんけいしているので、ふあんです」と介護の仕事の重みについて感じている実習生もいる。また、不安なのは自分たちのことばかりではない。

「不安なことは、ミャンマーにいるかぞくを心配です。なぜなら政治のせいです」

「はい、あります。まずはかぞくです。今あんぜんなばしょにいるのかどうかを、しんぱいです」

「不安でつかれたとき、かなしいときは、なみだがたくさん出ます」

２．介護福祉士を目指す

多くの実習生が「介護福祉士」の資格取得を目指したいし日本にできるだけ長くいたいと言う。では、彼女らが「介護福祉士」を目指す理由は何か。

「私のかぞくを日本へよび、いろいろなところへ、つれていってあげたい」

「日本にこいびとを呼びたいです」

「お金がたくさんもらったら、家族をささえたいからです」

技能実習生として在留できるのは、最大でも五年間。介護福祉士の資格を取ると、在留資格「介護」が得られる。待遇も上がる。立場も「実習生」から「職員」へと変わる。望む限り日本で介護の仕事をすることが可能となる。彼女らは、ここを目指している。

３．いただいた給与はどのように使うのか

働き始めたときの休日は、何をして過ごしたいか。こう問うと、「日本語のべんきょう」「家族と電話する。はははのけんこうが心配」「一〇〇円ショップでの買いもの」「おすし」「映画」「音楽」「ふじ山」「旅行」「映画」「音楽」などと、嬉しそうに答える。しかし、彼女らが、実際にそこまで日本での生活を楽しめる訳ではない。

いただいた給与はどのように使うのか。この問いに対して、真っ先に来る答えは、「家族をささえたい」である。

遊びや高級品の購入は、その後のまた後の話なのである。ここが彼女らの核心である。極めて現実的であり、これが全てと言っても過言でない。


「家族をささえたいです。妹をだいがくに行かせたいです」

「家族はいちばん、たいせつな人です」

「家族としんるいのために、つかいたいです」

「給料が十三万になったら、十万円をかぞくに、おくって、三万円を、ひつようなものにつかいます」

「家族に金を送ります。自分のために三割貯金します。新しい家を建てます」

「私のきゅうりょうを家族にささえて、ミャンマーのまずしい人も、ささえたいです」

「家族に送って、こまっている人たちにも、てつだってあげたい」

「しょうらいに、私したい、えいぎょうのためにも貯金しますと、思っています」

「おかねをちょきんして、しょうらいに、介護のしごとを、ひらきたい」


共通するのは、「家族を支えたい」、次に「自分の夢を叶えたい」である。

彼女らが、自分の働きで助けたい対象は、まず家族がきて、親戚がきて、ミャンマーの貧しい人にまで及ぶ。自分の将来のこともちろん全員が考えている。しかし、とにかくは、まず「家族」なのである。

４．将来は何をしている？（例えば、十年後、二十年後）

「〇年後は、あなたはどこで何をしている？」「どうしていたい？」

これは、筆者が若い人に好んで向ける質問である。彼女らからは、このような答えが返ってきた。


「介護をおしえる人になる」

「せんせいになりたいです」

「にほんで十年間くらいすんで、ミャンマーにかえって、かいごのしせつを、ひらいたいです」

「いま、せいじのせいで、なにかをするのはむりです。へいわをもらったら、こじのしせつ（筆者注：孤児の施設）をひらいて、こどもたちをしあわせにするように、がんばります」

「二十年後ぐらいは、私は帰国して、年を取る親に自分でお世話したいです」

「たくさんのおかねをためて、かぞくといっしょに、しあわせにすみたいです」

「しあわせなかぞくをもちたいです」

「平和のせいかつが、ほしいです」


彼女らには、心底からの夢がある。希望も持っている。「自分だけ」ではない。「家族と一緒」の「しあわせ」と「平和なくらし」。この普通の生活を、何よりも望んでいる。それをつかむために、一生懸命学ぶ。必死になって働こうと決意している。

「ここまで来るのに、お金も時間もたくさんかかりました」と言う。その表情に悲壮感はない。しかし、紛れもなく〝背水の陣〟なのである。

5．なぜ、今そんなに努力するか。

そして最後に、あらためて皆に尋ねた。なぜ、そんなに頑張るのか。実は、この質問は、これまでの質問と同質・同類であった。その訊き方が変わっただけであった。やはり彼女らにとって、行きつく答えは同じであった。

「家族のためです。両親にあたらしいいえを建てて、おとうとの教育をささえたいからです」

「私の家族のせいかつはたいへんなので、私は日本にはたらいて、てつだってあげたいから、今がんばっています」

「私の未来を変えたいからとか、かぞくの未来を変えたいからたくさん、どりょくするです」

「家族と私のゆめのために、たくさん、どりょくします」

「私は今たくさん努力するが、かぞくをささえたいからです」

「楽しみは、日本で私が、かんしんな介護の仕事をして、家族をささえることです」

「私の家族と、まずしい人たちが支えられるために日本語をべんきょうして、しごとを、いっしょうけんめいがんばります」

「私は今たくさん努力しています。なぜかというと私は長女なので、家全体の責任を負わなければならないからです。家族みんなでしあわせにくれせるように努力します」

最後の「私は長女なので」の答えに対して、筆者は問い返した。「あなたは兄弟姉妹で一番上？」。彼女は「そうだ」という。弟もいる。しかし、ミャンマーでは、男女関係なく、第一子が次に家の責任を持つ。日本の家制度の名残りのように「長男」ということではないと言う。

彼女らは答えるとき、頭の中で一生懸命に「日本語」（単語）を探してくれる。そして、相手に誤解を与えないように、取り違えないように、例外や注釈も添えて答えてくれる。

彼女らはハングリーなだけではない。とても知的で意識も高い。この上に日本でのコミュニケーションの課題が克服されていけば、日本で日本人を超える人材となる姿が容易にイメージできる。あくまでも筆者の私見である。しかし、続く第四章ではその裏付けとなる状況が十分に出てきた。

最後に、筆者の質問に対して、（ある期の一番後方の席に座っていた）一人の実習生が言った。両手を後ろ頭に回して一言で言った。

「なぜ努力するのか？　ですか？　先生、それは私たちが貧しいからですよ」。

「貧しいから」。筆者にとって最も印象的なシーンであった。

第3章　木鶏の杜

第1話　入国後講習

1．木鶏の杜

本章では、日本での介護の仕事を目指して来日した彼女らが、どのような訓練を受けて現場に出るのかを追っていく。

入国した彼女らは、すぐに「入国後講習」に入る。技能実習生として実習する（働く）ためには必修の講習である。その実施責任は監理団体にある。監理団体が、それを他の団体に委託するケースも多いが、先述の通り、ＴＥＣＳでは、それを自己所有の「木鶏《もっけい》の杜《もり》」で直接行っている(1)。

木鶏の杜は、ＴＥＣＳが二〇一五（平成二十七）年

「木鶏の杜」研修センター（TECSウェブサイトより）

入国後講習の教育内容と時間数について

○ 介護においては、基本的には、技能実習制度本体の仕組みによるが、日本語と介護導入講習については、以下の内容によることとする。（入国前講習を行った場合には、内容に応じて時間数を省略できる。）

講習内容	
科目※	時間数
日本語【詳細は①】	240
介護導入講習【詳細は②】	42
法的保護等に必要な情報	8[※1]
生活一般	－
総時間数	320[※1]

（※1）技能実習制度本体上定められているもの。総時間数については、第1号技能実習の予定時間全体の1/6（入国前講習を受けた場合は1/12）以上とされている。（320時間については目安として記載。）

①日本語	
教育内容	時間数（※2）
総合日本語	100(90)
聴解	20(18)
読解	13(11)
文字	27(24)
発音	7(6)
会話	27(24)
作文	6(5)
介護の日本語	40(36)
合計	240

（※2）日本語科目の各教育内容の時間数については上記を標準として、設定。()内に記載した時間数が最低限の時間数として求められる。

②介護導入講習	
教育内容	時間数
介護の基本Ⅰ・Ⅱ	6
コミュニケーション技術	6
移動の介護	6
食事の介護	6
排泄の介護	6
衣服の着脱の介護	6
入浴・身体の清潔の介護	6
合計	42

N3程度以上を有する技能実習生については、①日本語のうちの「発音」「会話」「作文」「介護の日本語」について合計で80時間以上の受講を要件とする。各教育内容の時間数については、上記と同様。

出典：技能実習「介護」における固有要件について
（厚生労働省 社会・援護局）

十一月に開設した宿泊型研修施設（二階建）であり、広島県東広島市志和町の山中にある。「木鶏」とは「木彫りの鶏」のことである。この名称は、中国の故事に由来する。これには「徳があり、強さを秘め、ものごとに動じず、自分を見失わない」という比喩的な意味がある。そのような「徳があり強さを秘めた人」を「木鶏のような人」と例える(2)。これは、彼女らに目指してほしい姿であり、この命名には、その思いが込められている。

入国後講習の内容と時間数については決まりがある。（別表）木鶏の杜では、これに則り介護職種については、約五週間のスケジュールを組んでいる。

同じ施設で行う製造業種の研修に比べて、その期間が長い。理由は、「介護導入講習」「介

護の日本語」など、介護の固有要件に定める科目や教育内容が加わるからである。(後述)

一日のスケジュールは大まかには次のようになる。

(午前)
一日の始まり：起床・連絡事項・清掃・朝の体操・朝食準備
七時三十分：朝食・全体会
九時〇〇分：午前の学習開始
(正午)　昼食準備と昼食
(午後)
一時〇〇分：午後の学習開始
六時〇〇分：夕食準備・清掃
六時三十分：夕食
七時〇〇分：自習
八時三十分：自由時間（入浴・洗濯など）
十時三十分：消灯・就寝

２．起床から朝の全体会まで

木鶏の杜での講習日程は、基本的に平日・祝日が学習日、土・日が休息日となっている。一日は、次のように始まる。

①大広間に集合

起床後、彼女らは身支度をして大広間に集合する。そこでその日の連絡事項を聞く。また、検温などを行い、それが体調管理表に記録される。このコロナ禍において、木鶏の杜では、クラスターは一度も起きていない。（取材時点）そして、館内の清掃に移る。

②体操

清掃が終わると屋外へ行き、その日の当番の掛け声でラジオ体操を行う。筆者も参加したが、冬場の寒い時季は、吐く息が白くなる。

朝の体操が終わると当番は朝食の準備に入る。

③朝食（午前七時）

食事は、献立から調理まで、全て当番に一任される。大き

朝の清掃

な冷蔵庫・冷凍庫に保管されている食材を使っての調理が始まる。

食事は静かにとる。朝食の後片付けを終えると再び大広間に集合する。
④全体会（午前八時半）
大広間に揃うと、その日の代表者数名が正面に立ち「誓いの言葉」を読み上げる。その内容はこうである。

（誓いの言葉）

私は目標であった、技能実習三年間のプログラムを始めています。

家族をふくめたたくさんの方々の協力により、このプログラムをおこなっています。

初心をわすれることなく、何をするために日本に来たのか？自らに問い続け「組合の三原則」である「一　笑顔で挨拶」「二　時間を守る」「三　約束を守る」を必ず守り、「利他の精神」に基づき一所懸命頑張ります。

朝の体操

食事当番

（組合三原則と５Ｓの徹底）
①「整理」身の回りの物を必要なもの、不必要な物に区分し不必要な物を取り除きます。
②「整頓」必要な物を使いやすく取り出せる様に決められた場所にきちんと決められたとおりに置きます。
③「清掃」整理整頓の仕上げ作業として行う、汚れ・ゴミ・ホコリなどを取り除きます。
④「清潔」色々な汚染を防止し身の回りの生活環境を良好な衛生状態に保ちます。
⑤「躾」日本の文化、風習に早くなれ基本的な生活様式をしっかり学び社会のルールを守ります。（自分だけなら大丈夫という行動は絶対にしない）
以上です。

研修は「授業」だけではない。この「誓いの言葉」の内容が、生活全般を通じて、細かな行為・行動の中で徹底される。まさに一挙手一投足においてである。日常の挨拶、時間や約束を守ることはもちろん、汚したら拭く、紙切れが落ちていたら拾う、脱いだ履物は、向きを変えて揃える。人に言われなくても、人が見ていようと、見ていまいとである。そのような行動を習慣化する。そして身につける。

彼女らは、まもなく言葉も文化・習慣も違う日本の〝現実社会〟に飛び込む。近くには家族も親戚もいない。一日も早くそこへ溶け込み、自立しなければならない。周囲から「信頼できる人」として認められなければならない。そのための毎日がここにある。そして、スタッフも彼女らに、その〝背中〟を見せなければならない。

毎朝ＴＥＣＳ本部とリモートでつなぐ

全体会の途中から、リモートでＴＥＣＳ本部事務所とつながる。ここからは、実習生とＴＥＣＳスタッフの合同の朝礼となる。

本部のスタッフは、日頃は彼女らとは別の場所にいるが、一日に一度は、ここでつながる。

全体会（朝礼）の最後に、数名の実習生が、正面に立ってモニターに向かう。毎日、順番に行うショートスピーチである。

テーマは自由。そのスピーチに対して、本部のスタッフが質問をする。彼女らが答える。実習生が、講師以外の日本人と会話する機会をつくっている。このように、起床と同時に〝生活訓練〟が始まっている。

３．講座（授業）の開始

午前九時から授業が始まる。授業は、当番の発声による「起立・礼・よろしくお願いします・着席」から始まり、「起立・礼・ありがとうございました」で終わる。

介護の実習生は、「介護固有の要件」(3)により、基本的にはすでに日本語能力N４以上を取得している。他の業種にはこのハードルはない。全体として、介護業種の技能実習生の方が、日本語能力が高いと言われる所以がここにある。

とは言っても、入国時点での彼女らの日本語は、まだおぼつかない。まず授業の中心は、日本語学習である。コミュニケーション能力をつけないと、日本では学べない。学べないと仕事を行う力も生活力も身につかない。入国後は〝日本語漬け〟である。その中で、彼女らの日本語能力はぐんぐんと伸びていく。

４．「日本語」と日本語講師

日本語学習は、ＴＥＣＳ専任の日本語講師が担当する。

テキストや資料には、イラスト、四コマ漫画風の絵などの工夫がある。適宜、漢字にふりがな付き、中には母国語が添えてあるものもある。ＣＤ（日本語）も聴く。

専任の日本語講師は、梶谷緑さんと石川雅子さんである。

梶谷緑さんは、主任日本語講師。子どもの頃から海外とか外国人に関心があり、母親となってからは、親子で地域の多言語サークルに参加。

多言語サークルとは、年齢・性別・国籍を問わず、さまざまな世代の仲間たちが集まって、英語をはじめスペイン語・韓国語・中国語・フランス語・ドイツ語など、多言語を自然に楽しく身につけようというところ。多様な国際交流活動を通じて、世界中にたくさんの友だちをつくろうという趣旨である。

梶谷さんは、ホームステイの受入れなども経験した。その活動を通じての思いが高じて「日本語教師」の資格を取得。専門学校（留学生）での講師経験を経て、これを職業として、現在に至っている。

教育者として技能実習生に関わった立場から、梶谷さんはこう話す。

「実習生は、みんな基本的にまじめなんです。こちらがやればやっただけ、応えてくれる。すると、私たちもまた頑張ろうという気持ちになる。それが伝わるからまた実習生も頑張

外国人のための日本語テキスト

ってくれる。〝一生懸命の交換〟が繰り返される。好循環が生まれます。

そして、講習の全日程が終わると『よく頑張ったね！』と心の底から喜びあえる。大きな達成感に包まれます」。

また、かつて「留学生」を教えていた経験と照らして、次のようにも語る。

「例えば、これが留学生だと、授業時間内の関りがほとんどです。でも技能実習生の場合は、（私たちは）短期間とはいえ〝生活の中〟まで入っていく。しかも、彼女らの『自分と家族の将来を賭けた真剣勝負の姿』に毎日触れることになります。私たちも、毎回毎回、新しい気持ちで向き合えます。これが、この仕事をしていて、本当に心から良かったと思えるところです」。

また国ごとの異なった背景を感じることもあると言う。

「日本語講師を始めて最初の頃は、主にベトナムからの実習生でした。本当にお金がない子たちでした。『家族を支えるために』と一生懸命勉強して、尽くせば応えてくれていました。

その後の（母国の）経済発展もあってかどうか、最近は

日本語の授業風景

少し雰囲気が変わってきた気がします。あの頃の必死なベトナムの実習生（製造業）と今のミャンマーの子（介護）が重なります」。

もう一人の日本語講師が、石川雅子さんである。

石川さんは、高校生のときに見たテレビドラマ⑷に感動して日本語教師に憧れを持つことになる。とは言え、当時はまだ〝メジャーな職業〟ではなく、そこにたどりつく術も見つからない。しかし、諦めきれずに、大学卒業後はアルバイトでつなぐフリーター生活を送りながら「日本語教師養成講座」を受講した。

講座修了後、たまたま学生時代のバイト先の社長から声をかけられた。「ベトナムで日本語講師をしてみないか？」石川さんは、二つ返事でベトナムに向かう。彼女にその声をかけた人物が、ＴＥＣＳ代表理事の松本聡さんであった。

そのときの松本さんは、自身が立ち上げた会社の社長であり、ＴＥＣＳの代表でもあった。しかしＴＥＣＳにあっては、ちょうど立て直し時期にあって、石川さんを雇用するタイミングになかった。それでも石川さんの思いを知り、全く別の監理団体を通じての仕事を紹介した。

赴任地は、ベトナムの中でもかなりの田舎で、日本人も全くいない地域であった。

石川さんがそこで見たもの。それは、貧しさから脱するために、必死になっている若者たちであった。日本に行って、お金を稼いで、自分と家族の生活を支える。雨露がしのげる家を建ててあげたい。その若者たちの意欲、向上心はものすごく、彼女はそれに圧倒され、心の底からこの子たちの力になりたいと思ったと言う。

石川さんは、その後、雇用契約満了で帰国。実習生を受入れる会社で、日本語を教えながら、事務員として働き始める。やがて人生の現実は、結婚、出産、専業主婦と進んだ。日本語教師を離れて約十年が過ぎ、「夢はここまでか」と諦めかけたときに、再び松本聡（ＴＥＣＳ代表）さんから声がかかった。今度はＴＥＣＳである。「やはりこれがやりたい！」という思いが再燃した。

石川さんに、技能実習生に対する思いを訊いてみた。

「日本には、たくさんの外国人が暮らしています。それぞれが、いろいろな理由を持ってやって来ます。家族の仕事の関係で来た人、自らが働きに来ている人、そして留学生。その中でも技能実習生は〝背負っているもの〟が違う。

国によっても人によっても差はあります。しかし、皆には『学ぼう』という姿勢がある。自立するために、家族のためにという気持ちが、とても強く伝わってくるのです。

私は、約二十年前にベトナムで日本語を教えていたけど、そのときのベトナムと今のベトナムは少し違う。その後の国の経済発展もあってかも知れません。

一方、ミャンマーのような、今現在も国内で戦争している国から来た若者がいます。中には家を焼かれて、隠れるように生活していた子もいる。とにかく貧しい子は必死。家族のために、母国で待っている人のために頑張っている。

そんな子は、気持ちが違う。意識が違う。そのような子たちに向き合っていると（教師自身）適当なことができない。手が抜けない。こちらも真剣になります」。

5．「介護導入講習」と介護講師

「日本語学習」に次ぐメイン科目は、「介護導入講習」の授業である。この授業は、専任講師の山﨑知巳《ともみ》さんが受持つ。

ここでも標準的なテキストの他、オリジナルの資料を用いる。どちらにも文字だけではなく、絵や写真が駆使されている。実際の動きを見せるための動画も使う。

入国前講習（母国での講習）でも「介護」の授業はある。しかし、その内容（水準）はさまざま。例えば、筆者がミャンマーを視察した際のある送り出し機関では、京都の某大学の社会福祉系学部を卒業した講師（ミャンマー人女性）が指導していた。

ここでも標準的なテキスト他、いろいろな手づくり教材があった。また、壁の一面に、いろいろな言葉や絵や写真が張り出され、そこにはミャンマー語と日本語での解説が付いていた。さすが日本で学んだ指導者であると思った。その熱心さが伝わってくる。正直、驚いた。

しかし、もったいないことに、指導者自身は、実のところ日本での介護の実務経験はない。介護福祉士でもない。

ミャンマーでの授業風景と壁に貼りだされた教材

たくさんのオリジナル教材

現地の講師（中央は筆者）

送り出し機関の中には、その国の看護学校に授業が委託（丸投げ）されているところもあると聞いた。現実的には、これが現地での教育の限界である。

そのような中で、（介護現場に送り出す直前の）入国後講習では、限られた時間数の中で基本を丁寧に教え、確認しておく必要がある。

講師の山﨑さんは、大学で情報科学を専攻。卒業後は、情報関連会社に就職。プログラム制作に関わっていた。そこに、今ひとつやりがいを見いだせず、ほどなく退職。今後の見通しを模索する中で、介護施設の立ち上げ計画を進めていた会社に就職。情報技術に長けた人材として、事務局員として勤務。施設の発足後は、介護職も兼務した。そこで高齢者と接することの楽しさを知ったと言う。

その後、介護福祉士、社会福祉士の資格を取得。介護職として、またソーシャルワーカーとしての経験を重ね、介護福祉士の養成施設（介護福祉士学科がある専門学校）の教員となり、留学生への介護教育にも携わっていく。その後、ＴＥＣＳが「介護職種」を手掛けるタイミングで、ここへの転職となった。（二〇二二（令和四）年）

山﨑さんは、ＴＥＣＳ入職後のことをこう話す。

「ＴＥＣＳに入ってからは、まずは勉強の毎日でした。仕事としては、これまでと同じ『介護教育』ですが、『外国人技能実習制度の中での教育』という『基盤』そのものが違います。

まもなく、第一期目の介護技能実習生が入国してきました。そこでの彼女たちとの出会いに、これまでに経験したことがない感動を覚えました。

ミャンマーの文化も、そして情勢が不安定であることも、何となく話では聞いてはいました。しかしＴＥＣＳに入った当初はあまり知識も無く、実際に関わったことも無く『なぜミャンマーなんだろう……？』と思っていたのが正直なところです。

しかし、実際に入国してきた実習生たちと関わる中で、彼女たちは、優しく、人なつっこく、日本人にない純粋さを持っている。この子たちが日本の介護をも変えてくれるのではないだろうか、と本気で思うようになりました。

家族と離れ、母国から遠く離れたこの日本で学び、働き、家族を支えながら、自分自身の人生を切り開こうとしているのです。私たちとは覚悟が違います。

これまで、（学校の）教室の中で出会ってきた留学生も同じ外国人ですが、それとは全く違う雰囲気でした。自分は、彼女たちの人生の中で、極めて重要なところに関わるのだと自覚すると同時に、その役割の重さを感じました。そして『彼女たちの力になりたい』と心の底から思いました」。

山﨑さんの仕事は、与えられた時間の中で、きっちりと介護（理論と技術）の基本を教えることである。

初期の彼女らは、まだ日本語が拙い。座学もさることながら、できるだけの声かけをしながらのロールプレイなどを取り入れる。日本語でのやりとりの機会を極力つくる。関りは授業だけではない。彼女らを理解するために、講習期間中は、あえて何度も宿直に入る。余暇にも交流し、掃除も炊事も食事も朝の体操も一緒に行う。長い時間一緒にいると、彼女らの意外な一面もみることができる。限られた期間の中で、徹底して彼女らに入り込んでいく。

山﨑さんは、その意図を次のように話す。

「私は、入国後講習修了後、実習施設（介護施設）へ配属された彼女たちのフォローも担当しています。一年目の実習生のところへは毎月訪問。二年目以降も定期的な訪問（監査）を行い、しっかりとフォローをしなければなりません。

実習施設との連絡調整、実習生からの個人的な相談、必要に応じた臨時的な訪問、そのような支援を続けながら、彼女たちには、日本での生活に慣れていってもらいます。

私たち監理団体は、彼女たちが安心して実習を継続でき、かつ、実習施設からも信頼される機関でなければいけません。そのためにも、講習中にしっかりと関係性を築いておくことは非常に重要な意味を持ちます。それ抜きでは、後々のサポートはうまくいきません。木鶏の杜での五週間は、そのような意味も併せもった貴重な時間なのです」。

山﨑さんの仕事はもう一つある。

彼女たちの多くは「介護福祉士」になりたいと思っている。彼女たちが自立するための大きな目標がそこにある。必要なのは国家試験に合格する力である。そこを支援できるのは、山﨑さんである。

そのための支援プログラムも構築した。そこに精一杯支援していきたい。山﨑さんは、そう締めくくった。（介護福祉士資格取得の支援プログラムについては第６章で述べる）

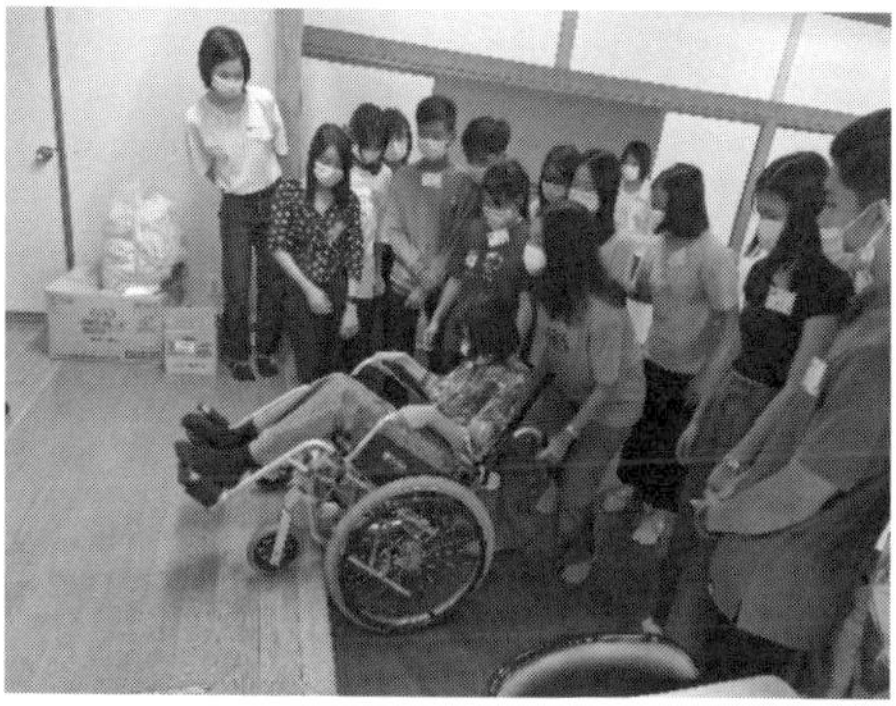

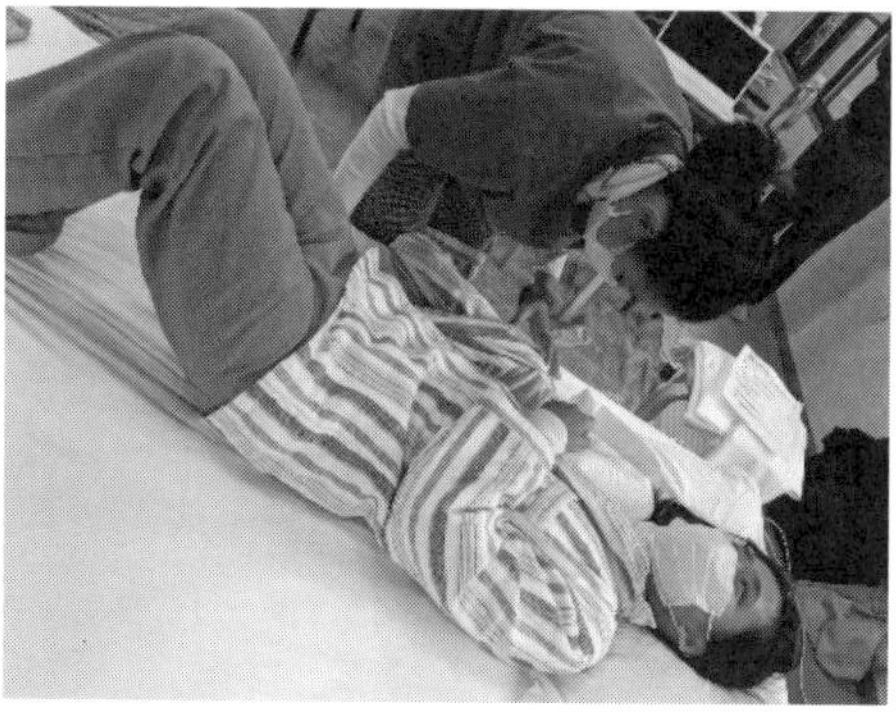

介護技術の講習風景

6.「法的保護等講習」と「生活一般」に関する講習

先述したように、入国後講習は、日本語や介護だけではない。この他に「法的保護等に必要な情報」と「日本での生活一般に関する知識」を内容とする講習が義務付けられている。

特に「法的保護」については、国が定めた運用要項では、「出入国又は労働に関する法令の規定に違反していることを知ったときの対応方法その他技能実習生の法的保護に必要な情報」となっている。

講習内容は、技能実習法、入管法、労働関係法、労働安全衛生法、労働契約法などに関するものであり、これは専門家（講師）によるものであることが必要である。

全体として、外国人技能実習では、実習生と受入れ企業との間でのトラブルが後を絶たない。それらも含めて、実習生が日本での生活のさまざまな場面において、不適切な扱いを受けないように、また、受けたときの対処法などについて学ぶことになっている。

7. 授業終了後から消灯まで

午後六時に授業が終わると、清掃、夕食準備から夕食へ移る。

清掃は一日の中で三度ある。各自の部屋の他、教室、トイレ、風呂場、調理場、玄関先も含めて共有部分の全て。清掃する場所は、時間帯によって変わる。

食事の後片付けが終わると自習。そして自由時間へ入る。自習ではその日の日記をつける。もちろん日本語である。それを毎日講師に提出する。

自由時間の中で入浴をすませる。そして、午後十時三十分消灯。凝縮された一日が終わる。

休日は自由時間。寝ている者、家族や友人と電話する者、ゲーム、音楽、中には自習をする実習生もいる。

８．木鶏の杜のお父さん

この木鶏の杜には、あまり表舞台に現れない縁の下の力持ちがいる。

翟宏江《サイコウコウ》さんは、ＴＥＣＳの中国人スタッフ（男性）である。主にこの木鶏の杜を管理している。

入国してくる実習生の受入れ準備。国内講習のスケジュールの作成。対外的な連絡調整(5)。実習生に対して日々の生活指導、修了式の練習、その他の指導などを行う。要するに、実習生に関わる「授業」以外は、全て翟さんの担当である。

翟さんは、かつて日本への留学生であった。京都の龍谷大学で国際文化を学んだ。

卒業後、日本の企業を経て中国（西安市）の送り出し機関にて勤務。約十年の勤務の後、体調不良で退職。体調回復後に、前職のときの関係者から紹介されたのが、ＴＥＣＳであった。そして、二〇一九（平成三十一）年にＴＥＣＳに入職した。

入職後は、主にはオペレーショングループに所属。中国人技能実習生を担当した。そして現在は、それと兼務で、主には木鶏の杜の管理を行っている。

翟さんの体調が回復して、次の復職の際、実は他の監理団体からの（お誘いの）話もあったと言う。そのときの思いを訊いてみると、こんな答えであった。

「実は、送り出し機関（中国）の時代に、随分と問題を感じる日本の監理団体を見てきました。実習生にトラブルがあっても、十分な対応を取らず、実習生に寄り添うこともなく帰国させるようなところとか。

その監理団体が、どのような主義なのか。実習生を大切するところなのかどうか。それは責任者の話を聴けばすぐに分かります。長年の経験から判別がつきます。こうして、最終的にはＴＥＣＳとのご縁となりました」。

話は戻って、翟さんの具体的な仕事はこうである。

言葉も文化も異なる多国籍の若者が入ってくる。多い順に並べれば、ベトナム、ミャンマー、タイ、カンボジア、中国と続く。翟さんは、この若者に対して日本の生活をイチから教える。

先述したが、木鶏の杜の基本方針は「三原則と５Ｓ」にまとめられている。「笑顔で挨拶」「時間を守る」「約束を守る」の「三原則」整理、整頓、清掃、清潔、躾の「５Ｓ」実習生が、日本で自立していくために手が抜けない基本教育である。これを、木鶏の杜での集団生活の中で身につける。そこの直接指導者が、この翟さんである。

翟さんは、その向き合い方についてこう説明する。

「電気・ガス・水道の節約。食事の残飯を出さないように。周囲に迷惑をかけないように。健康管理と安全管理。共有物品の丁寧な取り扱い。これらをとにかく細かく指導します。最初は、どうしてもコミュニケーションがうまくとれません。また、（集団的に）まとめて指導できることって意外と少ないのです。

そのときは、個々に同じことを教えます。手取り足取り、繰り返し巻き返し、何度も教えます。全ては、実習生が日本での生活に困らないように、溶け込めるようにするためです」。

そのために翟さんは、国内講習がある度に、一週間の内に（概ね）五日泊まり込む。実習生は、翟さんのことを、〝やさしくて厳しいお父さん〟と言う。

翟さんに「やりがいは何ですか？」を尋ねた。その答えはこうであった。

「それは、実習生が旅立ち後に活躍している様子を聞いたときです。企業等を巡回するオペレーショングループからそのような報告を受けたとき。これが仕事のご褒美です」

　翟さんが特にこだわっているのは、ＴＥＣＳの基本方針三原則と５Ｓである。実習生には、これを確実に身につけさせたい。

　またとにかく、実習生の健康管理には気をつける。この四年を超えるコロナ禍において、一度もクラスターは発生しなかった。ＴＥＣＳのスタッフは罹患しても実習生は一人も感染しなかった。（取材時点）

　中には、母国での検診が甘かったのか、入国直後に結構深刻な病気が見つかることもある。その第一発見者となるのも翟さんである。

　翟さんに、疲れること、嫌になることはないかと尋ねてみた。

「決して多くはありませんが、やはり中には、指導してもなかなか習得してくれない実習生もいます。東南アジアでも、母国が豊かになってきた国の実習生は、徐々にその雰囲気も変わってきているような。厳しいことを嫌がる子もいたりします。

　その中でも介護の実習生は、コミュニケーションが取りやすく、まじめで素直。教えたことは最初の一週間でほぼ覚えます。

　いろいろな実習生はいますが、基本的にはみんなかわいいです。この仕事はやりがいがあります。それがなければ、ここまで続けていません」。

　実に控えめであり、しかし確かに縁の下の力持ち。この翟さんの日頃の徹底した「生活指導」があるから各授業も成り立つのではないか。筆者にはそう思えた。

梶谷さんも、石川さんも、山﨑さんも、翟さんも、異口同音に言う。とにかく介護の実習生は覚えるのが速い。最初はうまくいかなくても、一生懸命、何度も練習する。こうして苦労して一回目をクリアすると、後は順調に伸びる。これはひとえに、彼女らの〝一生懸命〟の賜物である。

また、彼女たちは、丁寧で、礼儀正しく、やさしい。年上の人、目上の人を心から敬い、それらの思いが、人と接するときの随所に出ている。

彼女たちを支えているのは、第一に「家族のため」そして「自分の将来のため」という気持ち。この姿に、教える側であるはずの自分たち自身が学ばされている。

注

（1）ＴＥＣＳでは、それまで入国後講習を、自治体等が管理する教育施設などを借りて行っていた。施設も一定せず、その度の事情により変わる。現在は、この木鶏の杜が研修拠点となっている。

（2）木鶏という言葉はスポーツ選手（特に武道）に使用されることが多い。横綱双葉山が、連勝が六十九（前人未踏）で止まったときに、「ワレイマダモッケイタリエズ（我、未だ木鶏たりえず）」と自身が師と仰ぐ安岡正篤（哲学者・思想家）に打電したというエピソードが有名である。また、横綱白鵬は、連勝が六十三で止まったときに、支度部屋で「いまだ木鶏たりえず、だな」と語ったという。

（3）技能実習制度では、「実習生（外国人）」にも「実習実施者」（企業）にも満たすべき要件が定められている。介護には、その基本となる要件（本体の要件）に上乗せする形で「介護固有の要件」が定められている。介護の実習生にとっては、その分要件が厳しい。実習生側に求められる「固有の要件」とは「日本語能力」入国する時点で、日本語能力試験N4以上に合格していること。その次の段階の二年目（第二号技能実習）に入るには、基本的にN3以上が必要。

（4）『ドク』というテレビドラマ。ベトナム人就学生ドク（配役：香取慎吾）と日本語学校教師（配役：安田成美）の交流を軸に、在日外国人が抱える問題に切り込んだ作品。人種を越えての愛を問うヒューマン・ラブストーリー。

（5）例えば、テキストの準備。書類的な諸手続き。実習生は入国後、全員病院にて健診を受ける。その手配とともに健診には同行する。国内講習の科目の中には、外部講師（法的保護講習）によるものもありその交渉。防災センター（消防署）の見学の調整。それらに関連する対外的な連絡調整は翟さんの仕事である。

第2話　平和学習（広島平和記念公園）

1．広島平和記念公園

ＴＥＣＳの入国後講習には、街へ出向いてのオリジナルの課外学習がある。名付けて「平和学習」。広島ならではの試みである。皆で広島市内の平和記念公園に出かける。内容は、公園と広島平和記念資料館（通称、原爆資料館）の見学、買い物。そして目玉は、観光客へのインタビュー（日本語）である。

そこには、街中での社会体験、平和について考える機会、日本語の会話実践が組み込まれている。木鶏の杜に帰った後には発表会も行う。

二〇二四（令和六）年三月。以下、筆者が同行した内の一日の様子である。

その日は、介護（ミャンマー）の七名と製造業（ベトナム）の三名の合計十名の実習生とスタッフ三名（梶谷さん・石川さん・山﨑さん）であった。

一行はＪＲで、木鶏の杜の最寄駅寺家《じけ》駅から広島駅へ。そして路面電車に乗り継いで「原爆ドーム前駅」で下車。実習生が、来日して初めて利用する公共交通機関である。

彼女らが、その日に使える各自の予算は決められている。彼女らは、日本の硬貨を手のひらの上で広げて数えながら切符を買う。そして改札機に差し込む。すると切符が吸い込まれて、また出てくる。

広島平和記念公園は、原爆死没者の慰霊と世界恒久平和を祈念して開設された都市公園。この場所は、江戸時代から昭和初期に至るまで広島市の中心的な繁華街であった。しかし、一九四五（昭和二十）年八月六日に、人類史上初めて落とされた一発の原子爆弾で、一瞬にして破壊された。

被爆後、「広島平和記念都市建設法」に基づき整備されたのが、この広島平和記念公園と各施設である。ここは、恒久平和の象徴の地である(1)。

公園内には、原爆ドーム、広島平和記念資料館、平和の願いを込めて設置された数々のモニュメント、被爆したアオギリなどがある。

2. 観光客へのインタビュー

公園に到着後、実習生たちは散策しながらの移動。とにかくはしゃぎ回り、止まっては、バシャバシャと写メを撮る。原爆ドームの横を通り、「原爆の子の像」の前で一息。そして、幾つかのグループに分かれて、観光客への（突撃）インタビューを始めた。

当日は月曜日。平日でもたくさんの人で賑わっていた。特に、「原爆死没者慰霊碑」の前、「平和祈念資料館」入口は、ごった返していた。

いるのは圧倒的に外国人。特にＧ７広島サミット（二〇二三（令和五）年五月）以来、海外からのお客さんが増えている。

彼女らは日本人を見つけると駆け寄る。ときには最初にスタッフが、その趣旨を（観光客に）簡単に説明する。皆さんは快く応じてくれる。すると彼女らにバトンタッチされる。あるいは、最初から彼女らが自力で交渉するケースもある。

観光客へのインタビュー（広島平和記念公園）

３．滋賀県からのご高齢ご夫婦

二人の実習生が、滋賀県からの高齢なご夫婦に質問を向けた。その質問は、彼女たちがあらかじめ考えたものである。

質問「日本で一番好きなトコはどこですか？」

男性（ご主人）は、「そうねェ〜。僕は金沢」と答えた。「カナザワ？」彼女らが初めて聞く単語。

筆者が思うに、恐らく彼女らは、一番好きな「場所」ではなく、一番好きな「点」を聞きたかったのではないか。彼女らの頭の中に、まだ日本の地図（地名）はない。彼女らは、そのまま「カナザワ」という答えを受け取り、次の質問に移った。

質問「ミャンマーのことを知っていますか？」

「昔のビルマだよね。政治的に混乱している国。軍が支配していて民主主義がなくなっている国だと思う。民主化しないと国際社会から取り残されてしまうと思う」と男性。

彼女らの眼が急に真剣になった。まさに彼女らは当事者である。

質問「介護についてどう思いますか？」

これに男性は、テンション高く即答した。「これはやってほしい。日本は高齢者が増えて、日本人では賄いきれない。あなたたちに手伝ってほしい。介護の世界は、やさしい人を待っている」そう答えた。彼女たちは嬉しそうに笑顔を見せた。

質問「平和についてどう思いますか？」

女性（ご夫人）は、（広島に来て）「いつもはテレビで見ている広島平和記念式典。それが実際にここで行われているのだなぁ、とそのことを実感しています」と答えた。

するとすかさず男性が、「原爆ほど悲惨な爆弾はないと思う。一瞬にして十万人以上の人を死なしてしまう。原爆も戦争もない世界をつくっていかないと」と付け加えた。

彼女らは、大きくうなずきながら聴き入っていた。日本では過去の話。しかし、彼女らにとっては、今現在の話。彼女らの家族は、未だ「戦争中」に暮らしている。

質問「ミャンマー人をどんな人だと思いますか？」

ご夫婦そろっての回答は、「ミャンマーの情報があまりないけど、純粋な心をもっている人たちのような気がする。こうしてお二人を見ていてもやさしい人だなぁと思う」であった。

最後にご夫婦は、目の前にたくさん吊り下げられている折り鶴の説明をしてくれた。「折り鶴は日本の伝統的な文化である折り紙の一つ。平和を願って折られたひとつひとつがここにあります」と。そして、「頑張ってください」と励ましの言葉をもらって別れた。

４．東京からの大学生

別の組は、三人組の若い男性をとらえていた。筆者はそこに向かって走った。

先日卒業式を終えたばかりの、東京からの大学四年生。年頃の彼女たちは、最初から心なしか照れている。

質問「ミャンマーのことを知っていますか？」

するとー人が「斎藤飛鳥さん」と答えた。男性は「ジャパニーズ・フェイマス・アイドル」（Japanese famous idol）と添えてくれた。

しかし、彼女らには分からない。どうやらその「飛鳥さん」は乃木坂４６の元メンバー。父親が日本人、母親がミャンマー人のハーフのタレント。到底、彼女たちは知らない存在。それでも嬉しそうであった。

質問「私たちは介護の仕事をします。何か大事なこと、ありますか？」

「日本は高齢化が進んでいるから、自分たち若者が支えていく必要があると思います」と、一人の大学生が、ゆっくり、はっきりとした口調で答えた。すると彼女たちからは「お～」という歓声。気が付けば、いつの間にか、実習生全員がそこに集まっていた。

この後も（イケメン）大学生たちの回答に、いちいち歓声がわいた。

大学生が彼女らに年齢を尋ねると（彼女らは）次々に答える。すると横から突然ベトナムの実習生が、「私、十九歳。可愛いでしょ！」と手を上げて割って入ってきた。やはり女の子である。

質問「ミャンマーのことで知りたいことはありますか？」

「アウン・サン・スー・チーさんが、日本では有名。情勢が変だと聞いているので、そこのところが知りたい」と大学生が言った。

するど実習生の一人が、「政治について知りたいですか？」と確認した。彼女らは、自分たちの思いを日本語で語り始めた。

要約すると、（自分たちも含めて）自国に希望を見いだせず、海外へ抜け出したい若者が多いという話であった。

質問「日本のマナーは何ですか？」

一人の大学生が、個人的な意見と前置きしながら「日本人は、マナーが良くない人を見かけても、直接はその人に言わない。思っていることを、あまり言わないのが日本人なのかなと思う」と答えた。

質問「日本語についてどう思いますか？」

「日本語は難しいと言われるけど、外国の人が、それを学んでくれるのは嬉しい。どんなに下手でも頑張って話せば、その気持ちが伝わるから大丈夫」これには、彼女ら全員が拍手した。

質問「日本についてのお勧めはありますか？」
「ごはん。お寿司やラーメン。この人はラーメン職人」と、大学生の一人が隣の一人を指さした。
質問「介護の仕事はどう思いますか？」
「すごく必要性が高まっていると思う。（雇用）条件はあまり良くないと言われているけど、やりがいがある仕事だと思う。大変だけど誰かのためになっていると思えば頑張れると思う」この答えには、この日一番の大きな歓声が上がった。
質問「戦争・平和についてどう思いますか？」
「悲しいこと。ここに来て、自分たちも次の世代に伝えていかなければならない気持ちになった」と大学生。
質問「すみません。写真、撮ってもいいですか？」
「もちろん！　とりましょう。とりましょう」（集合写真）

東京の大学生との集合写真

5．中年のご夫婦と子連れの男性

山梨県からの中年ご夫婦がいた。彼女らはこのご夫婦に「社会人になっての心得」のアドバイスを求めた。するとご夫婦は「挑戦してほしい」と答えていた。「日本語は難しい。けど、ひらがなは美しいから是非覚えてほしい」とも付け加えていた。

東京からの男性。小学四年生の娘さんを連れていた。男性が「社会人として大切なことは、しっかりと自分の思いを伝えること。日本人もそれがなかなかできていない」と話した。

すると娘さんが「自分の小学校には外国の子どもが結構いて、それが普通」と話を広げてくれた。

「介護はコミュニケーションが大事」「相手が話してくれたことを、自分が理解できているか確認すること」と、このような話もしてくれた。

6．広島平和記念資料館から街中へ

原爆資料館へは、混雑した行列に飲み込まれるように入った。

資料館は、被爆の実相をさまざまな方法で伝えようとしている。破壊された建物や焼け野原の街全体。亡くなった人たちが着用していた衣服。遺体や火傷を負った人たちを撮影した写真。遺品や被爆資料、惨状を描いた被爆者の絵などなど。

筆者は、資料館から出てきた彼女らにその感想を訊いた。皆「とても悲しい」と口を揃えた。詳しく思いを話すには、まだ、彼女らが持つ（日本語の）語彙数では難しい。しかし、このように語る実習生がいた。

「ここまでの風景は自分の村にはなかった。でも隣の村は焼けた」「（日本の）このときは政治が悪かったのだと思う」「ミャンマーは戦争が終わらない」「ミャンマーのことが心配」。

原爆資料館を後にして、繁華街のアーケード通りにあるファーストフード店に入った。予算内の昼食。一〇〇円ショップでの買い物。そして、帰路についた。

路面電車で彼女らは「優先席」には座らない。こうして、平和学習は終わった。帰ったら「発表会」の準備がある。

７．平和学習の発表会

平和学習発表会。先ほどの技能実習生たちとは、別の期の実習生の発表内容を紹介する。

発表もグループ（班）ごとに行う。全部で三班あった。その中で、一番に発表したのは、「アオギリ」班の三名であった。

班の名前は、彼女ら自身が付けた。彼女らは、冒頭でその命名の思いを説明した。

これは、発表者が発音した通りの掘り起こしである。

「アオギリは、へわ公園の中であります。その木は、広島でげばくが落ちるときに、死なくて残って生きている木の名前です。だから私たちもこなん（著者注：困難）なことに、あて（筆者注：あって）も諦めないで、最後まで続けていきたいですから、その木の名前を使いました」(2)。

三名は、それぞれが発表した。最後一名の発表は「平和について」であった。

「私はへわ（筆者注：平和）について発表したいです。へわは何ですか？　それは人々のために大切ですから、へわがないならどうなりますか？　その質問を答えるためにせんそ（筆者注：戦争）があるときへ行きましょう。

なぜならと、へわの反対はせんそですから、せんそがあるときに身の回りに見えるもの、そして聞こえる声は全部悲しいことだけですから、そして国の男の人たちは国のためにせんそにさか（筆者注：参加）することになりました。そして、家族と離れることになりました。せんそが、ひどいところは、見えることは倒れている建物、ふしょ（筆者注：負傷）している人たち、そして、死んでいる人たちのからだ、それだけです。

「平和について」を発表する実習生

せんそで好きな両親を亡くなた子どもたち。そして、自分の好きな子どもたちを失なた両親。そして、奥さんを失なたご主人。ご主人を失なた奥さん。自分の家を失なた人たち。全部は悲しいことだけです。
せんそが生活はとても苦しいです。幸せな時間を送るのは長くないです。だから人たちは、へわをほしいです。自分の家族と大切なものを失いたくないです。だからへわはとても大切です。
そして、せんそはとてもひどくて怖いのを分かって、人々たちは、仲良くしてへわをもっておいたらいいなと思います。はい。私の発表は終わります」。
以上が、戦争最中の国からやってきた若者からのメッセージである。

8．平和学習をふり返って

平和学習は、代表理事の松本さんが提案した。長い入国後講習の中で変化もつけてあげたい。街中へ出る。予算内で目的を果たしてくる。実践的な日本語の勉強にもなる。それらの体験が刺激にもなるであろうし、モチベーションにもつながる。こう考えたそうである。

そして、平和学習の意義について、松本さんは次のように語った。

「世界には、過去に戦争を経験した国々があります。そして、今も戦争をしている国があります。ミャンマーの子たちは、その戦争中の国からやってきています。

この子たちが、ここ（広島）に来たのも、何かの縁があってのことではないかと思えました。平和のことを考える機会。これを提供できるのが広島の地。広島の使命は「平和の尊さ」の発信であることは間違いありません。

ここにはベトナムからの実習生（製造業）も来ます。この国も過去、長きにわたって戦争に苦しみました。しかし、今のベトナムの若者はその世代ではありません。そこは日本の若者とあまり変わらない。「戦争」と言っても実感は湧かないでしょう。「平和」が当たり前なのでしょう。

しかし、ミャンマーの子は、戦火の中逃げまどい、家を焼かれ、隣人や中には家族・親族を殺されてきた子たちもいるのです。それを目の当たりに見てきた子たち。真剣さが違います」。

日本語講師の梶谷緑さんは、彼女らの街でのインタビューについて、こう語ってくれた。

「来日して間もない彼女たちが、自分で日本人をつかまえて、そしてインタビューする。最初は、正直少し心配でした。ちゃんと訊けるのか。日本の人はそれに答えてくれるのか。一人でもいいからできたらいいなぁ、と。

ところが、彼女たちは、ちゃんと訊けたし、呼びとめられた日本人もみんな応えてくれました。

ちょっとちゃらちゃらに見える男性も、真剣に対応してくれました。顔と顔で向きあえばちゃんと応えてくれる。一生懸命に質問する実習生がいる。それにきちんと応えてくれる日本人がいる」。


そして発表会を振り返って、梶谷さんはこう語ってくれた。

「木鶏の杜に帰ると発表会を行います。私がちょうど忙しくて、（実習生に）満足に指導できないまま（発表会を）迎えたことがありました。

しかし、彼女らは見事に発表していました。そもそも『平和』に対する思いが強くて深い。だからしっかりと発表できる。感動しました。教師として、本当に幸福を感じました」。


梶谷さんが、実習生から質問されたときの話である。

「出かける前には事前学習をします。太平洋戦争と広島のことです。あるときに、実習生から『先生はミャンマーで起きている戦争についてどう思いますか？』と問われました。そのとき私は満足に答えられませんでした。他国の中で起きている戦争について、それほどの関心はなかった。だから知らない。何となく『大変なんだろう』くらいにしか思っていなかったのです。

しかし、このときに、私はそれで教師をしていてよいのだろうかと思いました。日本語を教えるだけが、自分の仕事ではないと自覚しました」。

日本語講師の石川雅子さんは、実習生のインタビューから受けた、途轍もない衝撃について話してくれた。

「平和公園には、日本人だけではなく、世界中からいろいろな人がやってきます。その現地で、実習生はそれらの人にインタビューをすることになっていて、誰に何を訊くのかも彼女たちが考えます。

まず彼女たちは『私たちはミャンマーから来ました。日本語はうまくないです。インタビューお願いできますか？』と始めます。

頼まれた人たちは、どの人も快く応じてくれます。そして最後に『頑張ってね』と言ってくれる。木鶏の杜に帰ると、それぞれが感じたことをまとめて発表会となります。

以前、そこに、東京から来たという二十歳くらいの今風の若い人がいました。一人の実習生が、その男性に、こんな質問をしました。『原爆で何人が死にましたか？』と。男性はその質問に答えられませんでした。そして『答えられなくて恥ずかしい。ごめんなさい』と謝ったのです。

彼女は続けました。『原爆が落ちたときに赤ちゃんだった人は、今は元気ですか？』と。男性は『生きていれば元気だと思いますよ』と答えました。

実習生は、さらに『その人は今も幸せだと思いますか？』と訊きました。終戦時（一九四五（昭和二十年）年）に生まれた人であれば、今は七十八歳くらいです。男性は、『幸せでないといけないと思います』『幸せでないと困る。僕たちが幸せになれるような国にします！』とこう答えました。それを実習生は熱心にメモしていました。

私は、その様子を見ていて衝撃を受けました。

もうそのような思いを持つような日本人は、いなくなっているのではないか。自分たちは、完全に平和ボケしている。それを突きつけられた気がしました。

あらためて、私たちの仕事は、その役目は、実習生に日本語だけを教えるというそんな単純なことではない。それなら他の場所でもできる。教材もある。ネットもある。

それ以降は、もっと日本のこと、日本人のこと、文化や考え方を伝えていくようにしています」。

注

（１）被爆後、昭和二十四年（一九四九年）八月六日に公布された「広島平和記念都市建設法」（一九四九（昭和二十四）年）に基づき、爆心地周辺を恒久平和の象徴の地として整備するため、昭和二十五年（一九五〇年）から平和記念公園及び施設の建設が進められ、昭和三十年（一九五五年）に完成した。

（２）広島平和記念公園のアオギリについて、広島市ＨＰ（都市整備局緑化推進部）より抜粋。「被爆アオギリ。このアオギリは、被爆樹木です。爆心地から約一・三ｋｍ離れた、中区東白島町の広島逓信局（現在の中国郵政局）の中庭にあったこの木は、爆心地方向にさえぎるものがなかったため、熱線と爆風をまともに受け、枝葉はすべてなくなり、幹は爆心側の半分が焼けてえぐられました。ところが、枯れ木同然だったこの木は、翌年の春になって芽吹き、被爆と敗戦の混乱の中で虚脱状態にあった人々に生きる勇気を与えました。その後、中国郵政局の建て替えに伴い、昭和四十八年（一九七三年）五月に現在の場所へ移植され、原爆の被害を無言のうちに語り続けています。移植で枯死するのではないかと心配されたアオギリは、その後も毎年種を実らせており、この種から育てた苗木を「被爆アオギリ二世」と名付け、修学旅行で平和記念公園を訪れた学校等に配付しています」

第3話　地元との国際交流会

1．それは過去の悲しい事件から始まった

二〇二四（令和六）年六月二十九日（土）。この日は、木鶏の杜に多くの地元住民の人たちが訪れていた。木鶏の杜がある地区の「東志和住民自治協議会」と「ＴＥＣＳ」の共催によるイベント。地元の人たちと技能実習生の交流会の日。名付けて「国際交流会ＩＮ東志和」である。

ここ東広島市志和町では、二〇二〇（令和二）年十一月に、技能実習生をめぐる悲しい事件があった。その年の一月から、市内の農場で実習を始めていたベトナム国籍の女性技能実習生が、誰にも知られることなく妊娠・出産して、その乳児の遺体を遺棄したというものである。

医療機関に通った形跡はない。その実習生自体は遅刻もなく、まじめな仕事ぶりであったが、日本語は挨拶ができる程度。定期的に訪れる監理団体も会社の関係者も「最近、太ったね」とは感じていたが、妊娠していたとは気づかなかった。そして、近くの住民たちとの接点もほとんどなかったと言う。（中国新聞（二〇二〇年十一月十三日）「異国の地で孤立を深めていた技能実習生の姿が浮かぶ」より）

これを機に同地区の中で、技能実習生を孤立させまいとする運動が起きた。東広島市社会福祉協議会や同市志和町の住民たちでつくる「志和町支え合い会議」。これが主体となって、年に一回、定期的に同地区で働く技能実習生を招いて、交流会を催した。会場は地元中学校体育館など。これが「国際交流会ＩＮ志和」であった。

今回の「国際交流会ＩＮ東志和」もその一環にある。そこには地元の人たちの他、市社会福祉協議会（地域福祉課）の社会福祉士さんや東広島市（地域共生推進課）の保健師さんの姿もあった。

２．昼食会「手巻き寿司」

この日は、実習生二十三名（ミャンマー人二十一名・インド人二名）で、これに自治協議会の人たち、ＴＥＣＳスタッフ（家族連れ含む）、筆者のような関係者、あわせて四十名近くが集っていた。

始まりは、住民自治協議会の皆さんがつくった（日本の）「手巻き寿司」による昼食会。自治協議会の会長さんが、最初のあいさつで「日本人が集まってワイワイと楽しみながら食べる日本食」と紹介してスタートを切った。

筆者が入ったグループの実習生二名は、手巻き寿司を「おいしい、おいしい」と、とても気に入っていた。しかし、納豆への支持はなかった。

３．短冊で夢の紹介（七夕飾り）

午後からは、大広間に移った。実習生が、各々の願い事を短冊に書き、その思いを発表して七夕飾りにした。

実習生は、「戦争をするのは悲しくて恥ずかしい」「平和な社会にしたい」「親を助ける。一緒に幸せな生活をつくりたい」などと発表した。中には「母を亡くした子のために施設をつくりたい」と声を詰まらせる実習生もいた。彼女自身、何らかの体験をしているのかも知れない。

４．お国自慢

「お国自慢」として、ミャンマー実習生による踊りの

夢を短冊に記して発表する（後方に竹笹が見える）

披露と代表によるミャンマー国の一大行事「水かけ祭り」の紹介があった。

「水かけ祭り」は「ティンジャン祭り：Thingyan Festival」または「ダジャン祭り」とも呼ばれ、全国で行われるミャンマーで一番大きな祭り。毎年の四月十三日から十六日の間、皆がお互いに、水をジャンジャンとかけあう。そして新年（十七日）を迎えるという行事（儀式）である。

　このお祭りは、どのようなものなのか。発表した女性の原稿がこれである。ふりがなも含めて、そのまま書き写す。

「皆さん、こんにちは。私は〇〇〇（筆者注：実際の名前）と申します。ミャンマーからきたじゅうしゅうせいです。今日はみんなさんに、ミャンマーでゆうめいな　ティンジャンというおまつりについて　ごしょうかいさせていただきます。

　ティンジャンまつりは『水かけまつり』ともよばれ、毎年4月の5日間《いつかかん》にわたっておこなわれます。ミャンマーのがんじつは4《し》月17日《じゅうしちにち》ですが、そのよっか、いつかまえがねんまつにあたり、そのきかんにミャンマー全土で水をかけあいます。毎朝、自分の町で、おぼうさんにご飯や料理、お菓子《おかし》などをそなえしています。

　水かけまつりのだいひょうてきな花はパダウです。この時期《じき》になると、ミャンマー全土《ぜんど》でパダウの花が満開《まんかい》になります。まつりの期間中《きかんちゅう》、多く《おおく》の人々が通行《つうこう》人に料理やおさけをむりょうで振る舞《ふるまい》います。私はモレーサウィンやモロンイェポーというおかしを楽しむことができますが、その中でも　もっともゆうめいなのは　モロンイェポーです。おとしよりがそういん（筆者注：僧院）に行って　くよう（筆者注：供養）するしゅうかんもありますが、おぼうさんやそういんへ行く人には　水をかけないようにしています。おおくのわかものたちは　ぶたいで水をかけあったり、おどったりして楽しんでいます。そのまつりにティンジャンのうたが　りゅうこうしています。水かけまつりで　うたをうたっておどることで、きもちがさっぱりし、ストレスがへるとされています。

きゅうねん（筆者注：旧年）のふこうやよごれをその水でながし、きれいなしんたいでしんねんをむかえるために、水をかけます。

じつは、日本でも毎年4月の初めに「とうきょうダジャンまつり」がおこなわれています。みんなさんもぜひ楽しんでみてください。

ありがとうございました」

水は涼しく、汚れを流し、火を消す。ミャンマーの人々は、水をかけることによって、相手の悩み、苦しみ、旧年の不幸や汚れをその水で流す。お互いに、きれいな身体で、新年を迎えることができるようにするのである。

しかし、お坊さんや僧院へ行く人には敬意を払って水をかけない。日本でもミャンマー人が多く住む地域では、そこでの有志が主催して行われていると言う。

5．ゲームから合唱へ

プログラムは、じゃんけんゲームへと進んだ。ゲームは景品付きでもあり、四十名近くが一斉に動くので盛り上がる。そして、最後に日本の歌『ふるさと』（兎追いし彼の山……）を合唱。

この木鶏の杜の技能実習生が、そのまま志和町で働くわけではない。しかし、過去の悲しい事件を教訓に、「受容れ」に力強さが加わった。外国人を理解して、温かく迎えいれる街にしようとする地元の気質と取り組みに感激した。

第４話　晴れて修了式

１．修了式前日の実習生（儀式）

五週間の入国後講習を終えた介護の技能実習生たち。最終日の修了式を終えると、その日のうちに各地へと旅立つ。

その修了式を前に、彼女たちが自主的に行うことがある。簡単に言えば、それはお世話になった先生たちへの挨拶であるが、私たちが知るそれとは全く違う。正にこれがミャンマーの若者の神髄かと思うような〝儀式〟である。

彼女たちが、講師たちを呼んで（上座に）座らせる。椅子のときもあれば、畳のときもある。

彼女たちは、その講師の前で揃って跪く。両手をあわせて何度かお辞儀をする。

一人ひとりが順番に（または代表者が）手をあわせたまま講師たちに言う。

「先生、間違えたりしてごめんなさい」「先生、〇〇ができなくてごめんなさい」

せっかく教えてもらったのに、自分たちがそれを十分に習得できなかった、応えられなかったことを謝るのである。そして、それにも関わらず、（講師たちが）自分たちを導き続けてくれたことに対してお礼を言うのである。

始まる前から泣き出す実習生もいる。それが進むとやがて全員が泣き出す。講師たちもたまらなく泣き始める。最後には、自然とハグをしあっている。彼女らによる「先生」への敬いの儀式である。

これはミャンマー仏教に由来するのか、キリスト教を信仰している実習生は参加しない。年長の人、高齢者、教師への敬いが徹底している国の若者の姿である。

関連して、日本語講師の梶谷さんが、筆者にこんな話をしてくれた。

「休みの日に、一緒に近くのお寺をお参りしたことがあります。すると彼女たちは、本堂の前で姿勢を正し、目を閉じて、胸の前で静かに手を合わせていました。誰かに何かをお願いし、誰かに何かを感謝している。

その相手が誰なのか。それに順番があるのかどうかは分かりません。ただ、そこには、仏様、親、そして教師も含まれている。彼女たちにとって、それは絶対に敬うべき人たちらしいのです」。

これについて、筆者は別の期の実習生に訊いてみた。彼女らが「敬う人」の順番は、一に僧侶と親。二番目に先生。三番目に年長者と言っていた。

日本語講師の石川さんの理解はこうだ。

「ミャンマーの子は、年上を敬う姿勢が染み込んでいる気がします。『先生、それ私がやります！』と、目上の人に対する気遣い・気配りが、（同世代の日本人と比べても）違う。祖父母と最後まで一緒に暮らす。親を尊重するのは当たり前。そんな国で産まれ育ったからではないかと思います」。

また、介護講師の山﨑さんからもこのような話を聴いた。「オペレーション業務の延長で、彼女たちと個人的に外食するときがあります。彼女たちは、お互いに食事が並んでも、私が食べ始めるまで、決して食事に手をつけません」。

筆者の調べでは、ミャンマーでは「いただきます」と言う習慣はなく、目上の人が食事を始めることが、食事開始の合図ということである。

２．修了式の始まり

ここでは二〇二三（令和五）年から二〇二四（令和六）年にかけての各期で行われた修了式の様子をそれぞれ織り込みながら、その様子をお伝えする。一つの修了式の場面ではなく複数の修了式でのものをピックアップしたものである。

修了式は午前中に行われる。会場（大広間）の奥側には、実習生を迎えに来た企業・法人の人たちが、手前側には、ＴＥＣＳスタッフが席を取る。その間に実習生の座席が正面に向いて並ぶ。修了式の流れはこうである。

一　開会の言葉
二　修了証書授与
三　協同組合代表理事挨拶
四　講師講評
五　技能実習生受入れ企業挨拶
六　技能実習生代表挨拶
七　誓いの言葉
八　閉会の言葉

司会進行役は翟さん。開会の言葉で、実習生がミャンマーの衣装で入場する。これが制服であれば、日本の小・中・高等学校の風景とほぼ同じである。

彼女らは母国で一年間余、そして日本で約五週間の〝訓練〟を受けてきた。この日が、この長い過程の終わりの日であり、旅立ちの日である。

この式が終われば、各介護施設のお迎えの車に乗って、それぞれが県内外、西へ東へと旅立つ。この日から日本の「社会人」となる。

３．修了証書授与と代表理事による挨拶

最初に、松本聡代表理事から、ひとり一人に修了証書が授与される。そして、代表理事の挨拶に移る。

「やっと終わりましたね」（松本）「はい！」（実習生）

「明日から仕事ですよ」（松本）「はい！」（実習生）

「朝、起きられますか？」（松本）（笑い）（実習生）

「大丈夫か？」（松本）「はい。頑張ります！！」（実習生）

「笑顔で挨拶ですよ」（松本）「はい！」（実習生）

「約束と時間は守りますよ」（松本）「はい！」（実習生）

「返事ははっきりと」「失敗は隠してはいけません」（松本）「はい！」（実習生）

「健康に気をつけて頑張れ！」（松本）「はい。わかりました！！」（実習生）

松本さんと彼女らの距離は近い。松本さんは、しっかりと彼女らの顔を見ながら語りかける。それに応える実習生の声が、大きく部屋に響きわたる。

松本代表理事の言葉は続く。

「皆、お年寄りが大好きですね。皆さんを日本のお年寄りは待っていますよ。私は安心し

て皆さんを送り出します」。

「皆さんがここにあるのは、同じミャンマーの先輩たちの頑張りがあったからです。だから日本の会社の人が『ミャンマーが良い。ミャンマーの人をお願いします』と言ってくれるようになったのです」。

「そして、皆さんが、ここに来れている。皆さんが頑張ることで、次の後輩たちのチャンスが生まれます」。

松本代表理事の挨拶

「皆さんの母国は内戦の中にあるけど、ミャンマーで待っている人たちのためにも頑張ってほしい。それが、家族、友だち、まだ知らない多くの人の幸福につながる。日本でのこれからを、一生懸命に生きることが母国への恩返しです」。

彼女らは、これにじっと聴き入る。そして、その都度、「はい！」または「わかりました！」と返事をする。

最後に「皆さん。本当によく頑張ってくれましたね。いってらっしゃい！」（松本）と締めくくられると、実習生は一斉に大きな声で「頑張ってきます！！」と木鶏の杜での最後の言葉を、力一杯の声で残す。

筆者はいつもこの光景に圧倒される。これは字面《じづら》では表現できない。お互いに心を入れ込んだ者同士でないと、この雰囲気は出ない。台本を読み上げる卒業式とは全く違う。人間対人間の短くも深いコミュニケーションがある。

4．講師の講評

続いて講師の講評である。
介護講師の山﨑さん、日本語講師の梶谷さんと石川さんが、一人ずつ順番にメッセージを送る。
「一か月間、どうでしたか？」（山﨑）「楽しかったです！」（実習生）
「日本語が上手になりましたよ。大丈夫ですよ！」（山﨑）「はい。ありがとうございます！」（実習生）
「みなさんは、日本人が持っていない良いところをたくさん持っています」「私はいつもみなさんから元気をもらって家に帰っていました」（山﨑）「ありがとうございます！」（実習生）
山﨑さんは、ここで彼女らのこれからに活躍に期待を込めた。決してお世辞ではなく、彼女らには、今の介護現場に良き影響を与える、そのポテンシャルが、本当にあると思っているからだと言う。

梶谷さんは、「講習中一緒にいると、胸にグッとくるような感動が必ずある」として、そこを取り上げて話す。そしてそこに、ひとり一人の人柄の良さを感じさせるようなエピソードも添えると言う。

石川さんは、そのときそのときの実習生（各期）で話す内容を変える。また日本語で伸びたところ、生活面で成長したところを具体的に褒める。

これから実習先でも日本語をたくさん覚えてほしい。日本人の友達をたくさんつくって、生活を楽しんでほしい。これを必ず伝えると言う。

5．受入れ施設からのメッセージと実習生の誓いの言葉

技能実習生受入れ企業（施設）挨拶。

列席した介護施設の中から、代表お一人だけにお願いしてメッセージをいただく。

「ようこそ日本に来てくれました」「皆さんの明るい姿を見て安心しています」「きっと大変なこともたくさんある」「分からないときは分からないと言ってください」「必ず、誰かが助けてくれます」「絆を大事に」という言葉が送られた。

６．技能実習生代表挨拶と誓いの言葉

そして、技能実習生の代表が挨拶を行った。

ミャンマーから遠い異国の日本にやって来ての、当初の不安だった気持ち。それが温かい受入れを感じた中で、安心感と喜びに変化していったこと。

この木鶏の杜での生活と授業から学んださまざまなこと。そこから得た自信と希望。これからも学び続けるという決意。最後にこの間、支えてくれた関係者への感謝の言葉で締めくくられた。

そして、毎日大声をあげて読み上げた「誓いの言葉」を、皆でもってもう一度読み上げる。

式次第的には修了式はここまでである。

７．彼女らの夢と目標

修了式が終わると、この日のクライマックス、彼女らによる「私の夢と目標」の発表である。これは「介護職種」の修了式での特有のものである。彼女らは、所属する法人・施設ごとに発表する。

舞台にあるホワイトボードに、大きな模造紙を広げて貼りつける。そこには、文字、数字、絵がカラフルに描かれている。背筋を伸ばし、両手を下腹の前で組み構えた後、身振り手ぶりも交えての約三分間の日本語スピーチである。

発表内容の一例を紹介する。ここでの発音は、筆者が修正して書いた。

「今から私の夢と目標について、発表します。よろしくお願いします。私は、○○法人○○会の技能実習生です。

「私の夢と目標」の発表

私はミャンマーからきました。ミャンマーはタイの隣です。昔はビルマと言いました。私の出身は○○（筆者注：実際の地方名）地方です。山の中にあって自然が豊かです。

私の趣味はミャンマー料理をつくることです。

私が、なぜこの仕事を選んだかというと、おじいさん、おばあさんのお世話をするのが私にとって幸せです。そして、おじいさん、おばあさんのために力になりたいです。

私はお年寄りが好きです。おじいさん、おばあさんのお世話をしたとき、おじいさん、おばあさんが楽になるのを見て、私も心が楽になります。だから介護の仕事を選びました。

私の目標は、仕事をしながらＮ１に合格して、介護が上手になり、介護福祉士になりたいです。日本で長く働きたいです。

給料が上がるように頑張って、お金をためて、家族を助けたいです。両親に家を建ててあげたいです。だから私は、夢をかなえるために、これからも最後まであきらめないで、だから私は、毎日、二時間、勉強します。以上です」。

決してまだ流暢な日本語とは言えない。しかし、大きな声でハキハキと話す。一生懸命に練習した日本語であることは分かる。

「日本中、世界中を旅行してみたいです。美味しいものも食べ歩きたいです」とそのような楽しみも添える。ミャンマーで介護の施設をつくって、ミャンマーの高齢者を幸せにしたいという実習生もいる。

東南アジアの最貧国といわれた国から、この日まで幾つものハードルを乗り越えてきた彼女たち。この先にも明確な夢と目標を持っている。そこに真剣である。浮つきは全くない。だから迫力がある。

この「私の夢と目標」の発表は、技能実習生に関わる人たちには見てほしい。きっと、

彼女たちを大事に育てようという意識が、今よりも数倍跳ね上がる。（筆者私見）

最後の最後に、彼女らによるミャンマーのダンスが披露された。ダンスは「水かけまつり」で踊られるもので、お礼の意味を込めてのものである。

8．旅立ちへ

こうして約五十分間が、あっという間に過ぎる。そして、玄関先はしばらくの間〝写メ大会〟で賑わう。緊張の時間が終わった後の安堵感と喜びが爆発する。

彼女らの全荷物は、キャリーバッグ一つか多くて二つ。所持品の全てがそこに入っている。それをお迎えの車に積み込む。その車は一台ずつ出発する。皆は手を振りながら旅立っていく。

修了式での記念写真

修了生によるミャンマーの踊りの披露

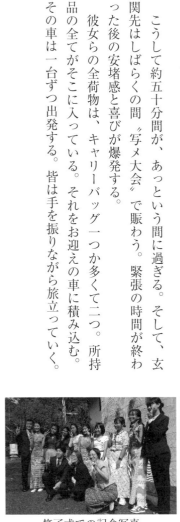

第５話　施設外研修会・交流会（同窓会）

１．施設外研修会・交流会（同窓会）

実習生が、木鶏の杜から各地へ旅立つと、彼女らは次の段階を迎える。正に「現実」の中での〝本番〟が始まる。

監理団体の仕事は、訪問指導や監査、その他個別の相談対応等となるが、それだけがフォローの形ではない。

ＴＥＣＳでは、毎年十一月、修了生が一堂に会する催しがある。名付けて「ＴＥＣＳ施設外研修会・交流会」日程は一泊二日で会場は木鶏の杜である。

二〇二二（令和四）年から始まり、いわゆる「同窓会」にもなっている。これは監理団体としての基本業務ではない。ＴＥＣＳ独自の企画である。その内容は次のようなものである。

二〇二三（令和五）年十一月の例

○一日目

一、開会

二、情報交換会
三、グループワーク・ロールプレイ「私の目標：こんな介護職員になりたいな！」
四、介護基礎勉強会（介護技能実習評価試験対策・認知症の基礎知識と対応手法）
五、夕食（焼き肉会）
〇二日目
一、日本語・介護用語の勉強会
二、グループワーク（初日の続き）
三、グループごとの発表
四、閉会

木鶏の杜付近には、電車の駅もバス停もない。そのために実習生は、ＪＲ広島駅へ集合して、そこからスタッフが送り迎えをする。

またわざわざ、県外から何時間もかけて、送迎をしてくれる法人もある。彼女らを、是非この会に参加させたいという思いからであり、本当に（実習生は）大事にしてもらっている。

グループワークでは、現場で必要なこと、大事なことを話し合う。彼女らからは、自発的にさまざまな話題が出てくる。介護のこと、人間関係、自己覚知、他者理解など。楽しいとき、嬉しかったときの気持ちを共感しあい、辛いとき、戸惑ったときの気持ちのも交換しあう。ここでは、彼女らが経験するすべてのことが出尽くすと言っても過言ではないと言う。

二〇二三（令和五）年のこの会（最終日）ではこんな場面があった。

そのときは、十七名の参加。終わりにて第一期生六名が前に並んだ。介護講師の山崎さんが、「（後輩の）皆さんが、今現場で仕事ができるのは、ここにいる先輩たちが頑張って実績をつくったから」と話し、続いて前に並んだ一人ひとりが、後輩に向けてメッセージを送った。

ある実習生（先輩）は、「最初に（日本に）来たときの気持ちを忘れないでください」「私も皆さんと今日出会えて、再び初心に返ることが出来ました」と話した。

別の実習生は、「私たちは特に優秀なわけではないし、仕事は、楽しさと辛さの繰り返しだと思う」と前置きし、「だけど、それはみんな同じ。だから一人で抱え込まずに相談しあっていきましょう」と呼びかけた。

「いつかは、自分たち自身で、職場をより良くしていきたい。創っていきたい。みんなでともに育つような仕事場にしていきましょう」と希望と決意を語る実習生もいた。

来日当初は、まだ日本語もぎこちなく、向ける質問にも的が外れた答えが返ってきてい

施設外研修会・交流会
（TECSからの提供写真）

た彼女たち。言葉を覚えること、日本の生活に慣れるのが精一杯だった。それが、少しずつ自己表現、自己主張ができるようになっていく。

その彼女たちが現場に出て、一年を経て、「自分たちが頑張らないといけないし、それが後輩のためにもなる」と語り出す。自分のことで精一杯であったのに、今は力を合わせて全体をより良くしようと言い始めている。内気で、あまり話せなかった実習生もしっかりと主張する。

このような形で旅立った実習生に触れるとき、その成長ぶりに目を見張る。スタッフは皆、その驚きとともに、嬉しさでいっぱいになると言う。

第４章　介護現場の天使たち

第１話　介護施設の事情と不安と期待

１．本話のはじめに

前章では、入国後講習（木鶏の杜）場面での介護の技能実習生を見てきた。約五週間、基本方針「三原則と５Ｓ」のもとで、夢と希望と志を持ちながら、起床から就寝まできっちりと訓練を受けている実習生がいた。また、その彼女たちを、全力で支えたいとする監理団体のスタッフたちがいた。

本章では、そこを修了して、現在介護現場で働いている実習生をみていく。

ここからは、ときに彼女らを「天使」と呼称したい。天使とは「神の使い」であることから、仏教徒の多い彼女たちを比喩するには、本来は合わない表現かも知れない。

しかし「天使のよう」には、純真無垢、やさしいとか、子どもを示して「可愛らしい」という比喩的な意味もある。筆者が、ミャンマーで彼女たちと出会い、日本でふれあい、本書の執筆を決めたとき、どこからか降りてきた言葉がこの「天使」である。

筆者は、広島県、山口県、島根県の三県において、七法人十の施設でお話を聴いた[1]。

監理団体は、介護現場に出て一年目の技能実習生（第一号技能実習）に対しては、月一回以上の訪問指導を行う。また、技能実習期間を通じて、三か月に一回以上の監査（訪問）を行う義務がある。筆者は、これらに同行させていただいた。

2．外国人介護人材導入の背景

訪問地は、広島市のような都市部から「過疎地指定」されている山間地域までに及んだ。どこにおいても共通する課題は、「日本人だけでは賄いきれない介護人材の不足」であった。

特に山間へき地の事情はこうである。

人口減少（＝労働力減少）に歯止めがかからない。ハローワークでも駄目。広域的に求人広告を出しても反応がない。会社説明会に出ても誰もブースには来ない。新卒など、ここ数年来ていない（応募してこない）。そうしたところでは、募集の際に「有資格者」「経験者」などの条件も付けられないと言う。

また、地元からの応募率が年々低下。完全に（遠方の）市街地に頼っている。それでも大して来ない。日本人を採用するための方策は行い尽くした。もう外国人にウエイトを置くしか他に方法がない。

職員が高齢化すると、「夜勤勤務の数を減らしてほしい」という人が増える。介護施設の中には、職員の三割以上が六十歳以上であり、その内の約半数が六十五歳以上というところもあった。

基本的に、定年年齢に達した職員は夜勤に充てないことにしている。すると夜勤者が不足して、いずれこのままでは勤務体制が組めなくなる。その時期が逆算できるという状況である。

これらの介護施設が、技能実習生をどのように迎え入れ、指導教育し、評価しているのか。また実習生自身は、どのような思いでいるのか。まず不安と期待について訊いてみた。

３．受入れ施設の不安と期待

受入れ施設の当初の不安は共通している。一に言葉（コミュニケーション）、二に（外国人が）日本人への介護ができるのか、三に日本での生活への適応であった。

法人・施設が導入を決断しても、職員は随分と戸惑っていたという施設もあった。言葉が通じない外国人を受入れる。余計に仕事が増えるのではないか。職員の理解は得られるとしても、地域の受入れは大丈夫であろうか。などである。

独自に奨学金制度をつくり、すでに介護福祉専門学校卒業のベトナム人留学生の雇用経験を持つ施設もあった。そこでは大きな不安はない。しかし、初めてミャンマー人を迎えるにあたって、別途職員研修を行っている。

未知ゆえの不安がある。ときはコロナ禍であり、（受入れを）決めたは良いが、母国で訓練中の技能実習生と直接会えない。しかし、約二か月ごとのリモートでの定期面談を行い、そのたびに彼女らの成長が感じ取れ、徐々に不安もやわらいできたというところもあった。

一方、やって来る外国人自身が、一番不安なのではないかという思いもあった。こんな過疎地域に来て不便な思いはしないか。人間関係で辛い思いはしないか。病気にならないか。

また、そのような「不安の中にある外国人」を引き受けることがまた施設の不安。そうつながっていく。

しかし、結果としては、ほとんどどれもが杞憂に終わっている。詳しくは後述するが、そこには実習生自身の資質と努力、しっかりとした事前の訓練と（監理団体の）フォロー体制があった。そして、何よりも、受入れ施設自体とその地域の温かい気配りがあった。

一方で、当初から不安にも増して、「期待」を抱いていた施設もあった。事前に研究しており、「ときに基本を忘れかけている日本人」に対して、何か示してくれるものがあるのではないかというものである。彼女らは、単なる労働力ではない。このような期待である。

注

（1）以下が、筆者が訪問取材を行った施設である。

①医療法人みやうち　介護老人保健施設ひまわり（広島県廿日市市）

②医療法人みやうち　介護老人保健施設三滝ひまわり（広島市）

③社会福祉法人三次市社会福祉協議会　特別養護老人ホーム江水園（広島県三次市）

④社会福祉法人にちはら福祉会　特別養護老人ホーム星の里（島根県津和野町）

⑤社会福祉法人つわの福祉会　特別養護老人ホームシルバーリーフつわの（島根県津和野町）

⑥社会福祉法人鹿野福祉会　特別養護老人ホームやまなみ荘（山口県周南市）

⑦社会福祉法人豊心会　特別養護老人ホーム秀東館光陽（山口県岩国市）

⑧社会福祉法人豊心会　有料老人ホーム秀東館泉（山口県岩国市）

⑨有限会社龍泉　有料老人ホーム秀東館美空（山口県岩国市）

⑩有限会社龍泉　グループホーム秀東館蓮華（山口県岩国市）

第2話　技能実習生への評価と指導教育

1．技能実習生への評価

どこの施設においても技能実習生への評価は高い。初めて導入した施設は、いずれもその第一印象（感想）を「想像以上であった」と表現する。日本語能力にも当初危惧したほどの問題はない。返事が良い。まじめ。基本を守る。率先して動く。気配りができる。仕事の覚えも速い。確実に実行する。フォローの必要性もなくなってきた。何かにつけて「ありがとうございます」と返してくる。

具体的には次のような声である。

①日本人自身が学ばないといけないところが多々ある。「基本」というところでは、利用者さんの居室に入るときに声を出して挨拶をする。

②人とすれ違いに挨拶をするときは一旦立ち止まる。これらに職員自身が、ハッとさせられることがある。

③経験を重ねるにしたがって伸びている。「先を読む力」がついていきて、油断していて逆に自分（指導者）が指摘されてしまった。

④自分から発信する力が素晴らしい。率直に言いあって、もう対等な関係だと思っている。
⑤日本人よりも日本人らしいきめ細やかさ。いろいろなことに気がつく。後輩が同じミャンマーの先輩をとても頼りにしていて関係もできている。
⑥「私がやります！」と何でも率先する。ときにどちらが指導者だか分からないくらい。
⑦グループホーム（小規模）では、ときに事務室に職員が不在のときがある。そのときの外部からの電話は介護職が取る。それを（実習生が）「はい。（施設名と自分の名前）です……」と対応した。また、話が終わるときに、きちんと（念のために）先方の名前と連絡先を確認しておく。それができたときは、指導者として嬉しかった。
⑧どのような場面が〝ヒヤリハット〟なのか。経験を重ねていき、自分自身で判断して記録できるようになった。
⑨利用者さんとの関係づくりもできるようになった。次第に臨機応変さも加わり、個性的な利用者さんにも柔軟に対応できるようになった。
⑩利用者さんをよく見ていて、体調が良くない人の〝第一発見者〟になることも多々ある。また、中には、実習開始から三日間で、フロアー全員（五十余名）の利用者さんの顔と名前を覚えた実習生もいた。
⑪実習開始から数か月の実習生に、「認知症介護基礎研修」(1)をイーラーニングで受けてもらった。彼女らは一度ではなく、巻き戻して二度見る。またそれを丁寧にメモしている。

メモはミャンマー語ではない。漢字も含めた日本語である。これには驚いた。

彼女らは、排泄介助、入浴介助、食事介助など一つひとつを着実に身につけている。成長するにしたがって、勤務形態も「日勤」から「早出」「遅出」へと広がる。「夜勤」ができるようになるのが当面の目標。夜勤帯は、勤務者数が少ないために、ひとり一人の職員に大きな負担がかかるからだ。

夜勤が〝一人前〟と見なされる一つの目安である。そして、そこまでくると「実習生」というような括りではない。すでにチームの一員となる。

本人の仕事自体は、不安なく見ていられる。次にまた同じ国の後輩が入ってくる。その人たちに教えられるようになってほしい。このように期待が広がっている。

2．コミュニケーション

日本語力が、日に日に上達していることも共通していた。

実習施設（指導者）がそう指摘する。一定の間隔をおいて訪問する監理団体担当者も（久しぶりに会うがゆえに）それを実感する。

彼女らが来て早々、街中を（車で）走っていたら、街の看板（漢字「薬局」）を読んだ。

ここまででき上がっているのかと感心した。そう語る施設長がいた。

しかし、開始から間もない実習生は、まだ余裕がない。一生懸命、日本語を絞り出す。筆者に対して説明する際に、思わず（１００ＣＣではなく）one hundred cc と言ってしまった実習生もいた。

方言を話すのはまだ少し無理。しかし、聞き取りは割と早くできるようになっている。実は少しずつ覚えている。

筆者の訪問時には、「人がいる」を「人がおる」、「おかしいでしょ」を「おかしいじゃろ」と言う実習生もいた。

方言ではないが、ある実習生は、筆者の質問に答えるその度に、必ず「あ～、なんかぁ～」のフレーズから入る。一瞬、日本の若者と話しているような錯覚にとらわれる。

仕事では、彼女らには「（日本語での）記録」という大きな課題がある。厄介なのは漢字。施設によっては、独自に「交換日記」ならぬ「交換日誌」を行っているところもあった。業務の振り返りと「日本語での記録の訓練」を兼ねていた。

それは、監理団体からの勧めもあって始めたと言う。そこに、その日の業務内容と反省・感想を書き込む。指導者も適宜コメントを書き入れてそれを返す。

実習生が書き綴る内容も「○○が分からない。○○に戸惑った」的なものから、次第に「○○はこうした。○○が楽しかった」的なものに変化する。また、深い気づきも入り始めている。それらを通じても「成長」が感じ取れる。

筆者もその「交換日誌」を拝見した。まだ入国後講習中（木鶏の杜）にいる実習生が書く文字・文章と、この「交換日誌」にあるそれは全く違う。仕事についた実習生は、こんなにも日々着実に力をつけるのか。本当に驚いた。

指導者が、おむつのサイズのＭ（エム）Ｌ（エル）を説明しても（彼女らに）通じなかったという話が出た。これはいたし方ないところもあった。

ミャンマーでは、初等教育から英語を学ぶ。ミャンマーは、かつて長い間イギリス領であったことからか、日常にも英語が根づいている。言わばネイティブである。

彼女らには、逆に日本人の（英語）発音が聞き取れなかったということである。「えむ（Ｍ）」ではなく、どちらかと言うと「エン」、「Ｌ（える）」ではなく「エレ」のような感じである。コミュニケーションをめぐっての、ちょっとした笑い話である。

３．技能実習生への指導教育

実習施設は、彼女らを本当に大切にしている。逆に言えば、実習生自身が、一生懸命に頑張っているから大切にされる。

施設は、優れた職員を彼女らの指導担当につける。実習生の資質を認めた上で、「そこを伸ばすために、見本になるような職員を指導担当に充てる」と明言する施設もあった。
「見ていて、うちの指導スタッフは、責任を持って、とてもよく気を配っている。妹のように愛情を持った親身な指導と要所での厳しい指導。この中で実習生も経験を積み上げ、成長してくれると思う」とこう話してくれた。

また、実習生を指導する度に、どのような些細なこと、僅かなことでも記録に残しておく。これが蓄積すると宝になる。こう言ってくれる施設もあった。

その指導スタッフは（仕事だけではなく）私生活にも気を配ってくれている。たまにあるいは定期的に職員が住居を訪問する施設もある。また夏場の一軒家の場合は、敷地に大量に草が生える。その管理もある。

実習生は、母国ではほとんど冷蔵庫を持たない。するとそこに賞味期限切れの食品が存在してくる。フタもラップもされていない食べ物もたまにある。指導スタッフは、そこも母親（姉）代わりのように教える。

実習生は、困ったときは必ず質問する。相談する。すると周囲は、きちんと応えてくれる。丁寧に教えてくれる。このように、どの施設も彼女らを、愛情をもって支えていた。

4. 利用者さんの受けとめ

肌の色が違う外国人から介護を受ける。利用者さんは、これをどう受けとめているか。当初、そのことを心配していた施設も少なくなかった。

「仮に、利用者さんに抵抗感があったとしても、そこは、職員の側も一緒になって、克服していかないといけないと考えていた」と強く覚悟を示してくれた施設もあった。

結果としては、これも杞憂であった。施設も利用者さんに対して、事前の説明をしてくれている。加えて、実習生の笑顔と丁寧な接し方が、すぐに利用者さんにも受入れられている。「あんたらぁ～どこからきたんかね?」（あなたたちは、どこから来たの?）と尋ねられ、「気をつけて帰りんさい」（気をつけて帰ってね）と気遣われ、「あんたが帰ると寂しい」と手を離さない利用者さんもいると言う。

注

（1）介護職員が無資格や所定の研修を修了していない場合は、二〇二四年度以降必ず受講しておかなければならない義務化された研修。イーラーニング（e-learning）のでの標準的な動画視聴時間は一五〇分程度（それ以外にテスト所要時間等がある）。

第３話　住居問題と地域

１．住居の準備

実習生の住居は、受入れ側が、適切なものを準備しなければならない。部屋の広さと人数制限。周囲の環境。通信環境（インターネット）の整備。費用の負担ルールなどがある。住居は賃貸と法人が所有する物件に住む場合がある。賃貸は、アパート、マンション、あるいは一軒家である。

法令上は、必ずしも個室でなくても良いが、どこもそれを確保している。夜勤があるなど、同居の中でも勤務時間帯が異なる場合があるので、個室は必要である。

その上で、共有部分（台所・トイレ・風呂など）を整備して、いわゆるシェアハウスのような形式になっている。おおよそ一戸に二名から多くて四名が住んでいた。

実習生は、キャリーバック一個か二個でやってくる。彼女らに必要な生活用品も準備しなければならない。職員から募った遊休品等で揃えて、足りないところを法人が購入するケース。概ね全て法人で購入するケース。いろいろとあった。

地域事情（利便性など）など、いろいろと検討した結果、（思い切って）施設の近くの空き家を購入した法人もあった。そこの元住人は、二年前に亡くなったばかり。すると電化製品、温水器、食器に至るまで、まるまる備わっていたというケースである。

生活用品を（職員から）募ると、どこでも結構なものが集まる。テレビ、洗濯機、電子レンジ等の家電製品から自転車まで。結局、法人が購入したのはエアコンと冷蔵庫のみであったというところもある。

家賃も光熱水費も、実習生が自分の給与からそれを支払う。シェアハウス形式で複数人の同居であれば、その人数で割る。一人あたりの負担は高くはならない。

一例だけ、町営住宅への入居で対応したケースがあった。山間へき地に分類される地域である。

外国人労働者の受入れは、介護に限らずさまざまな業種に及んでいる。もうそれは、企業の個々の問題として位置付けない。町行政とも協同し、地域で考えるという発想である。

地域には、民間の空き家もたくさんあるが、これ（公営住宅）もひとつの方法。ある意味で手堅い。

2．住居確保の壁

その住居の確保に苦労している（した）法人もあった。外国人が住むということへの「貸す側」の抵抗感である。

この問題は、一般的にも指摘されている。今回の取材では、市街地でも山間部でも一施設ずつそれがあった。それには次のような背景もある。

「外国人との共生」と言っても、実際にはコミュニケーションと文化の違いからトラブルが起きる場合がある。

ありがちなのは、夜に騒がしい、ゴミ出しルールが守られないなど。母国に、細かいゴミ出しルールなど持たない外国人も多い。そこに苦い経験をしている家主がいる。あるいは風評としてそれが入ってくる。すると警戒感が生まれる。

技能実習生の場合、外国人個人ではなく法人が（家主等と）契約するのであるが、それでも話（契約）は容易ではない。

技能実習生では、国によって、また業種によっても（実習生の）状況に違いがある。具体的には、日本語能力をそこまで求められない業種もある。言葉が通じないと、指導教育が行き届かず、仕事の面でも生活の面でも問題はさまざまに波及する。

介護の技能実習生は、入国時点でＮ４以上の日本語能力を持っていなければならない。また入国後も徹底して訓練を受ける。言葉が通じないと日本人の介護はできない。実習生も必死になって勉強する。

また、実際の仕事の中でも（日本語を）多用するので（必然的に）メキメキと力をつけていく。要するに、コミュニケーションの問題を根源としたトラブルは、そうは起きない。

とは言っても、まだ日本社会では、そこまでの理解はない。仮に不動産業者がそこを分かってくれても、家主が首をたてに振らないことがあると言う。

あらためて思うに、トラブルが起こるのは、「外国人だから」ではなく、日本語が十分に理解できない、あるいは初めて経験することだからであり、「外国人のマナーが……」という単純なものではないのではないか。私見である。

しかし、市街地にある施設では、あきらめず動き続ける中で、「徐々に理解を得てきた」というところがあった。不動産屋さんが、家主さんを説得してくれたケースである。

一方で、ある山間地では、逆に家主が貸してくれると言うので、仲介してくれる不動産業者を探して交渉したところ、そこ（不動産業者）が嫌がったというケースもあった。仕方ないので直接家主と契約したと言う。

筆者は市街地にある（先の住居問題で苦労した）施設において、新しく実習生を迎えるための準備中のマンションの一室を見せていただいた。室内には、法人が準備した家電品や職員からの寄贈品が積まれていた。外側からは見えにくい法人側のご苦労と気持ちを実感させられた。

３．新しい地域社会の中で

実習生は在留期間が決まっている。限られた期間であっても、その地域での暮らしが始まれば、散歩もすれば、買い物もゴミ出しもする。地域行事を見物に行く実習生もいる。施設としては、実習生が何かで困ったときには、（地域に）助けてもらわないといけない。それも想定する。

そのために、どの法人も実習生のことを要所に知らせていく。自治会に話し、役所に伝え、交番のおまわりさんにもお願いする。住居の近隣地域に（実習生と）一緒に挨拶回りをした法人もあった。

地域の防災関係の会議（研修）があり、（ちょうど良いので）実習生を連れて行って紹介した。その中に、偶然日本語教師の資格と経験を持つ一人の住民がいた。聞けばご夫婦ともどもその資格と経験を持っていて、実習生に対しての協力をいとわないと言う。

幸運なことに、そのご夫婦の家は、実習生の住まいの近く。今では「お父さんお母さんのような存在」（実習生曰く）である。

当該監理団体ＴＥＣＳが主体となって、「事前ガイダンス」を行ったところもあった。法人の積極的な協力により、法人・施設の役職員から近隣住民までを幅広く対象としたもので、たくさん集まった。

自治会総会でも紹介。そうした結果、自治会長が「一斉清掃にも誘おうかね？」と気を配ってくれるようになった。

一軒家の実習生には回覧板も回る。地方に行けば行くほど（いわゆる田舎地域では）、どこも自治会が協力主体となっている。法人自体が地域に位置づいていると、地域の受入れが非常にスムースに進む。見事である。

第４話　天使たちの思いと家族

１．家族とのつながり

彼女たちは、例外なく家族に仕送りをしている。中には、韓国に留学している姉の生活を助けている者もいた。ざっくりと言うと、手元に三万円から五万円（毎月）を残し、十万円程度を送金という実習生が目立った。

筆者が「それで大丈夫ですか？」と尋ねると、どの実習生も「やっていけます！」と答える。施設の指導者も当初それを心配していた。しかし、皆「大丈夫です！」と答える。

彼女らの「支出基準」は、日本の一般的な若者とは全く違う。自分ではなく家族中心に、自身の〝家計〟をしっかりと管理している。

「借金がだいぶ返せたので、少し手元に残せるようになった」と言った実習生がいた。「日本に来るために借りたお金か？」と問うと「それもあるけど、もともとのものもあります」と言う。

中には、母国の混乱（内戦）の中、一時的に母親との連絡が途絶えている実習生もいた。仕送りは、きょうだいを通じて（母親に）届いていると言う。

技能実習には、日本の労働法が適用される。労働基準法も最低賃金法も適用される。また、どこも基本的には一般職員との差はつけていない。

２．技能実習生自身の思い

どの実習生も明るい。元気である。適応できている。彼女らは、母国から続く長い道のりを経て、やっと日本で技能実習生となった。

そう言えば、ミャンマーのある送り出し機関の社長が言っていた。「送り出し機関に入るための試験に合格したときの彼女らの喜びようは半端ではない」と。それは、筆者にとって、非常に印象的な言葉であった。

必死になってここまでたどり着いた彼女らは、今希望を抱き、一生懸命に働いている。だから周囲から受ける親切にも、心から感謝できる。小さなことでの不満など言わない。自分本位の発言などしない。そういう面があるのではないか。筆者にはそう思えた。

天使の仕事の喜びは、やはり利用者さんとの関わりの中にある。

ありがとうと言われる。一緒に笑ってくれる。相談してくれる。（逆に）自分のことを心配してくれる。気遣ってくれる。今日は元気ですか。ご家族はどうですか。あなたがいないと寂しいと言ってくれる。また、職員さんから褒められたときは嬉しい。

困ってしまうのはどのようなときか。それは利用者さんとうまくいかないとき。利用者さんのご機嫌が良くないとき。おむつ交換をしていると、怒鳴られたり手を払われたりする。しかし、その中で経験を重ねている。認知症の利用者さんからも、いろいろと学べている。

天使は職場の人間関係も経験する。「こんな感じの職員さんもいるし、こんな風な職員さんもいるし」と説明する。しかし、そこにはまだ余裕がある。

休みの日は、買い物、掃除、洗濯、料理、読書、音楽、ネット配信の映画、母国の家族へ、そして友人への電話、散歩などを楽しんでいる。

母国の親は、自分の健康を心配している。しかし、基本的には「日本だから安心」と思ってくれている。

実習生の〝脚〟は、自転車を除いては公共交通機関である。一日に数本しか走らない地方のバスは、その乗り方を学ぶのが難しい。ＴＥＣＳのスタッフが現地へ出向いて教えているケースもあった。

日頃の買い物は、近隣のスーパーなどを利用する。しかし、中には、利便性の問題から、二週間に一度、施設の職員が送迎便を出してくれているケースもあった。これも地域の実情である。

休日には、職員さんに車で遠くへ連れて行ってもらうことがある。中には、コツコツと貯めたお金で、関西のテーマパーク行きを計画している実習生もいた。

山間地では大雪が降る。舞い降る雪に、天使は大はしゃぎすると言う。インスタグラムやFacebookにあげ、ミャンマーの家族にも見せる。

落とした財布が、警察に届けたら戻ってきたという実習生がいた。落としたことに何と六日間も気がつかなかった。あまり外出しないから、財布のチェックも緩い。

「落とした財布が戻ってくるの日本くらいなもの」とはよく聞くが、本当にそうである。落とした本人も驚いていた。インタビューが笑いに包まれた。

第５話　現場の天使たちに訊いた

１．「夢と目標」の発表

多くの施設が、初日（または着任後間もなく）に、実習生の自己紹介の時間を設ける。彼女らは、大勢の職員の前で、木鶏の杜の修了式で発表した「私の夢と目標」を披露する。（第３章第４話参照）

広げた大きな模造紙には、カラフルな絵、文字、数字が並ぶ。つい一か月前に遠い異国からやって来た彼女たち。平均年齢は約二十三歳である。

そんな彼女らが、流暢にはいかないが堂々とその思いを発表する。そして、それを見て聞いた人たちは、そこで実習生の思いを知る。「家族のため」という若者の強い決意を聞く。「お年寄りに喜んでもらいたい」「介護が好き」という言葉に、自分の仕事をあらためて振り返った。新鮮な気持ちになったと語ってくれた指導者の方もいた。

実習生の発表には、驚きと尊敬しかなかったと表現してくれた指導者さんもいた。涙ぐむ職員さんもいたと言う。「実習生を真剣に育てていきたい。みんながそう思えるような瞬間」と語ってくれた法人幹部もいた。天使たちには、周囲にそう思わせるような大きな力がある。

２．天使たちの様子

ここでは、現在介護施設で働いている実習生の個々の様子を紹介する。

全員女性であった。彼女らのフルネームは長い。日本に来てからの「呼び名」についてはこうである。

まずアルファベット表記の名前を、日本のカタカナになおす。ミャンマー人の名前には姓名の区別がない。

フルネームを区切り、そのファーストネーム、またはラストネームのどちらかを適当に選ぶ。そして、これを日頃の「呼び名」とする。これが入国以来、使用されている。

例えば、Showine Wint Shal（ショワィン ウィッ シエ）さんは、ラストネームを取って、「シエ」さん。Poe Thadar（ポー タダー）さんは、逆にファーストネームを取って「ポー」さんである。二人とも次に紹介する介護老人保健施設ひまわりの実習生である。

筆者は、現場に出向いて天使たち一人ひとりの声を聴いてきた。以下のレポートは、全て取材時点のものである。

（1）医療法人みやうち

訪問時、同法人は所在市（行政区）を別にした二つの介護老人保健施設（合計四名）で実習生を受入れていた。

①介護老人保健施設ひまわり（広島県廿日市市）取材日：二〇二四（令和六）年三月二十二日

ここには、シェさんとポーさんがいた。二人は、実習開始から八か月目を迎えていた。二人ともに「日本は安全で良い国」「大好きな国」だと言う。

向かって左シェさん・右ポーさん

日本の生活にも少しずつ慣れてきた。最初は利用者さんの言っていることが分からないこともあり不安だった。今は、方言も何となくつかめるようになり、分からないときは問い返すと言う。

「利用者さんが、自分の名前を呼んでくれたとき。そのときはとても嬉しい」（シェさん）

「利用者さんと冗談話をして、一緒に笑いあったときが楽しい」（ポーさん）

向かって左トンさん・右テッさん

②介護老人保健施設三滝ひまわり（広島市）取材日：二〇二四（令和六）年四月二十五日

ここではトンさんとテッさんが実習をしている。トンさんは一年と九か月目、テッさんは一年と七か月目に入っていた。先に紹介した、三日間でフロアーの全利用者（五十余名）さんの名前と顔を覚えたというのはトンさんである。財布を落としたのも彼女である。

お二人も「日本は安全な国」「銃刀ももたず暮らせる」「夜も出歩ける国である」と言う。

「利用者さんが自分と話してくれる。こんな自分に相談してくれることもある。お互いに共感の瞬間があったときは嬉しい」（トンさん）

「フロアー（居室）を変わる利用者さんに『あなたと離れたくない』と腕をつかまれたときは泣いてしまった」（テッさん）

（2）社会福祉法人にちはら福祉会　星の里（島根県津和野町）取材日：二〇二四（令和六）年六月十七日

ここにいたのは、ピュさんとアウンさんの二人。この二人とは、木鶏の杜（入国後講習

向かって左モーさん・右キンさん

向かって左アウンさん・右ピュさん

中）でもよく話した。ともに実習開始からまだ三か月目。

昼ご飯は、交代でお弁当をつくる。仕事は楽しく問題は感じない。

「それでも、どんなときに困る？」と問えば、ん～と考えて、「まだ終わっていないのに、次、次と急かされたとき」と言う。「良い経験をしているね」（筆者）と一緒に笑った。明るい。元気に仕事をしている。

「まずはＮ１を取って、次は介護福祉士」（アウンさん）

「英語も勉強しなおしたい」（ピュさん）

（３）社会福祉法人つわの福祉会　シルバーリーフつわの（島根県津和野町）取材日：二〇二四（令和六）年六月十七日

ここではモーさんとキンさんが頑張っていた。二人とも実習開始から九か月目である。

ちょうど仕事がお休みの日であったので、住居に訪問した。場所は施設のすぐ裏手。平屋の民家で大広間に布団が敷きっぱなしであった。枕が二つ。それぞれ個室はあるが、寝るときは一緒が良いのだと言う。

近いので、お昼ご飯は一旦帰宅して食べる。つくるのはミャンマー料理で、調味料はネットで購入する。先日、職員さんと街を出て、人生初めてのボーリングに行った。

「介護福祉士となって十年後も日本で働いていたい」（モーさん）

「そろそろパソコンを買いたい」（キンさん）

（４）社会福祉法人鹿野福祉会　やまなみ荘（山口県周南市）取材日：二〇二四（令和六）年六月十七日

向かって左マーさん・右ラインさん

マーさんとラインさんがここにいた。二人は実習開始から三か月目。筆者はこの二人とも木鶏の杜で過ごした。背が高くて重たい人の移乗介助が難しい。職員さんからいろいろと教えてもらっている。仕事は楽しい。困っていることはない。

職員さんが車で買い物に連れて行ってくれる。先日は、遠出をして水族館（山口県下関市）に行った。

日頃は、地元のスーパーマーケットで買い物。夕方四時半から半額になる食品がある。いつもそれを狙う。近所のおばあさんが、ジュースと揚げた魚を持ってきてくれた。

「試験に向けて朝と夜に日本語を勉強している。次に目指すはN３」（マーさん）

「仕事は楽しい。でも、自分だけお休みで（家に）一人になるときは寂しい」（ラインさん）

（５）社会福祉法人三次市社会福祉協議会　江水園（広島県三次市）取材日：二〇二四（令和六）年七月二十四日

ここは、モーさん、ニエインさん、トェさん、ミィンさんの四名。

モーさん、ニエインさんは、二年と二月目。トェさん、ミィンさんはまだ一か月目。後者の二人は、木鶏の杜でも会った。

職員さんがやさしい。（実習生の）先輩もやさしい。近所の高齢のご夫婦が野菜を持ってきてくれる。自宅にも誘ってくれる。

来たばかりのトェさん、ミィンさん。まだ慣れず戸惑うことも多い。まずは利用者さんの名前を覚えるのが先。配膳、食事介助、移動介助、口腔ケア、ショートスティの人の受入れ準備をしている。

向かって左ミィンさん・右トェさん

モーさん

ニエインさん

仕事のことは職員さんへ相談する。生活上で困ったときは、施設長の奥さんにラインする。するとすぐに来て助けてくれる。嬉しい。

筆者はその日、ニエインさんがお休みであったので、住まいを訪問した。部屋には、小さなお釈迦様が二つ置いてあった。一つは同居のモーさんのもの。経典もある。毎日、お経をあげていると言う。

「介助をして利用者さんから、あなたで良かったと言ってもらえたときが嬉しい。寂しくて家族に会いたいときがある」（モーさん）

「利用者さんが私の名前が覚えられない。でもその代わりに（私のことを）〝私の友だち〟と呼んでくれる。近所の高齢ご夫婦に連れて行ってもらった角島大橋（山口県下関市）。海の景色がとても良かった」（ニエインさん）

「申し送りに書いている漢字がまだ分からないことがある。その都度、どんどん教えてもらう。特に体の中（内臓）の漢字が難しい」（トェさん）

「言葉が分からないときがある。そのときは、その意味は何ですか？　何ですか？　と質問する。すると実際にモノを指し示してくれて丁寧に教えてもらえる」（ミィンさん）

（６）社会福祉法人豊心会（山口県岩国市）取材日：二〇二四（令和六）年六月十八日（※一部、同年十月十五日に追加補足取材）

同法人は同じ地区の二施設で実習生（合計四人）を受入れていた。

春に皆で錦帯橋（山口県岩国市にある木造橋・国指定の名勝）にお花見に行った。近所の一人暮らしのおばあちゃんが、「暑いね」「お帰りなさい」と声をかけてくれる。おかずを鍋に入れて持ってきてくれた。「家に遊びにおいで」と言ってくれたので皆で行った。そのような話が聴けた。

①秀東館光陽

カインさんとウィンさん。カインさんは二年と一か月目に入り、ウィンさんは九か月目である。

「仕事の忙しさや人間関係でストレスを感じることはあるが、指導者の人に何でも相談している」「実習生同士でもおしゃべりして発散している」「認知症の人が繰り返し同じことを言ってくるので聴いてあげている」（カインさん）

向かって左からカインさん・ウィンさん・ウーさん・ニさん

「先日、自分が技能検定試験を受けることを覚えてくれていた利用者さんがいて、結果はどうだった？と訊いてくれた。嬉しかった。無事に合格が伝えられて良かった」（ウィンさん）

②秀東館泉

ウーさんとニさん。ウーさんは二年と一か月目、ニさんは九か月目であった。

「配膳業務をさせてもらっている。利用者さんの食事形態をすべて覚えておかないといけない。だいぶ慣れたと思う。このように、いろいろなことをさせてもらうことで、その度に成長する機会をいただいている。それが本当にありがたい」（ウーさん）

「夜勤業務以外は何でもやっている。指示待ちではなく、自分で考えて行動できるようになっていると言われて嬉しい。入浴のとき、利用さんに、あなたに介助してもらえるのが嬉しいと言われた」（ニさん）

モンさん

向かって左からリンさん・ピョーさん・スさん

（7）有限会社龍泉（山口県岩国市）取材日：二〇二四（令和六）年六月十八日（※一部、同年十月十五日に追加補足取材）

同社は同じ地区の二施設で実習生（合計四人）を受入れている。

日本語の能力試験が近いので、たくさん勉強している。まずは、日本語能力試験のN1を取りたい。それが終わったら介護福祉士の国家試験。たまに（介護福祉士試験の）テキストを眺めるけど眠たくなってくるなどの話が聴けた。

①秀東館美空（山口県岩国市）

モンさんとリンさん。モンさんは、二年と一月目、リンさんは、九か月目を迎えていた。

「ときどき母国のこと、家族のことを思い出し、寂しく思うことがある。仕事では後輩が来てくれて、それが嬉しく自分なりに工夫して仕事を教えている。後輩は、いろいろと周囲から学び取って、成長していると思う」（モンさん）

「夜勤業務以外はほとんどやらせてもらっている。技能検定

（初級）が終わり合格して、ほっとしている」（リンさん）

②秀東館蓮華（山口県岩国市）

ピョーさんとスさん。ピョーさんは二年と一か月目、スさんは九か月目であった。

「利用者さんから、あなたが来るのを待っていたと言われてとても嬉しかった。フィットネスクラブに行って身体も鍛えている。後輩が来てくれて嬉しい。何でも相談し合って楽しい職場にしたい」（ピョーさん）

「いつも関わっている認知症の利用者さんが、不穏になり物を投げた。初めてのことで驚いた」「利用者さんが、あなたがいないと寂しいと手を握ってくれた。嬉しかった」（スさん）

３．受入れ施設の思い

外国人介護人材の受入れを決断してきた法人の幹部の方や、彼女らを現場で引受けている施設の指導者さんたちが語ってくれた。一気に列挙する。

「職員全体に、困ったときは手を貸したい、みんなで支えていきたいという気持ちがあります。言わば親心のような感じです」。

「外国人人材がリーダーとなり、次に後輩の実習生の相談相手となり、指導していく段階にも入っていると思っています」。

「うちの施設から外国人介護福祉士が誕生すると嬉しい。ここに長く勤めて、ここで成長してほしいと思います。しかし、一方で本人の気持ちもあります。彼女らにはそれぞれに目標があるでしょう。仕事場を自由に選べる時期も来ていますし」。

「技能実習生の受入れは、まだ始まったばかり。この先もさまざまな課題と可能性に向き合うことになるでしょう。それらを包み込んだ上で、一生懸命頑張り続ける実習生を支えていく。これが、受入れ施設としての大きな役割だと思っています。そして、外国からの介護人材の導入を、誰もが喜びあえるようなものにしたいと思っています」。

「技能実習制度全体が大きな転換期にありますね。業種によっては、誤った過去もあったと聞いています。しかし、介護は単なる『人手』の確保ではない。私たち自身を直接支えてくれる『人財』の確保。制度とその運用を適切に発展させてほしいと思っています」。

「やはり重要なのは、それぞれが、利益優先ではなく主人公となる実習生を大事にすることではないでしょうか。そこに本質がある」。

「彼女たちのお陰で、日本のお年寄りも、介護サービスを提供する介護施設も助けられている訳です。実習生を送り出す国の機関も日本で受入れる機関も同じ。彼女たちがいてくれてこそです」。

「利用者さんに喜ばれ、実習生も施設も、そして『送り出し』や『受入れ』に関わる関係団体の全てがウィン・ウィンとなるような関係性を築くことが大事だと思っています」。

４．実習生のこれから

天使たちは、将来について、いろいろな夢を描いている。介護福祉士資格も取りたい。しかし、何にしても、その前にクリアしなければならないのが「日本語能力試験」でのN1の合格。

中には、漢字を書き込んだ紙を天井に貼りつけている実習生もいた。寝ていても、日本の文字が目に飛び込んでくるという方法である。また「気合いは入れるけど、三日坊主になります」と正直な実習生もいた。

介護福祉士になれば専門職として認められる。仕事場での待遇も上がる。技能実習から在留資格「介護」に切り替えることもできる。すると在留期間の更新が、上限なく可能となる。また、望めば家族とも生活できる。

ミャンマー以外の国に、家族や親戚がいる実習生がいた。そこへ行って介護の仕事をしたいのだと言う。

大学へ入りたい。自分が送ったお金で、父親に施設を建ててもらいそこで働く。介護を教える先生になる。子どもたち（孤児）のための施設を建てる。寄付をする。ミャンマーの国内情勢がよくないので、家族を日本に呼び寄せる。などなど、思いは様々である。

実習生がよく口にする言葉がある。「お金も時間もかかった」である。彼女らは、ある意味〝底〟から這い出て来ている。彼女らには、この先「立ち止まる」選択も「後ろに下がる」選択もない。ここまで来れた幸運に感謝して、一途に〝目標〟に向かっている。

ＴＥＣＳスタッフから聞いた話である。ある送り出し機関の通訳の人が、話をしてくれた。ミャンマーは努力が報われないことがある。頑張っていない人が良い生活をして、頑張っている人が全く報われない。それをみんな知っている。だから、実習生に言うのだそうだ。「日本はそんなことはない。頑張ったら頑張っただけ報われるから、ミャンマーとは違うと思って日本で頑張りなさい」と。

頑張れば頑張るほど、選択肢が増え、夢が広がる。彼女らが、明るく一生懸命だから、周囲は必然的にこれを支える。必ず助ける。筆者は、取材中これを何度も感じた。しばしば心が震えた。

第５章　外国人技能実習制度の歴史的経緯

第１話　外国人研修制度

１．「外国人労働」の歴史と問題点

本章では、「外国人技能実習制度」の歴史的変遷について概観する(1)。すでに広く認識されているが、この制度は、大きな問題を抱えたまま今日に至っている。そして、二〇二四（令和六）年に、ついに現制度は廃止され、新しく「育成就労制度」が創設された。施行はまだ先である(2)。

指摘され続けた一番の問題点は、「目的」と「実態」の乖離である。本制度の目的は、「人材教育を通じて開発途上地域等に技能・技術・知識を移転し、国際協力を推進すること」とされている。そして、念を押すように「労働力の確保が目的ではない」と謳われている。この建前と実態が、あまりにかけ離れている(3)。

また、「技能実習生」と名乗る外国人が、実は「実習生（研修生）」なのか「労働者」なのかという疑義が存在し続けている。

本書の趣旨は、この制度等の在り方を云々するところにはないが、本制度の歴史的経緯と、そこに指摘され続けてきた「問題点」を押さえることは、「技能実習生」をより深く理解するために役立つ。

2. 外国人研修制度（技能実習制度以前）（一九九二（平成四）年まで）

（１）外国人研修制度（一年間の在留期間）

現在の技能実習制度のもと（前身）は、一九六〇（昭和三十五）年代後半から海外進出を始めた日本企業が行った「外国人研修制度」（外国人社員教育）である。

その内容はこうである。日本企業が、現地法人の社員（外国人）を来日させて、（日本企業で）技術・技能を習得させる。その研修を受けた外国人は、その後本国に帰国する。そして、習得した技術・技能を母国で発揮させる。これを「国際貢献」と位置づけ、「技術研修」という在留資格が入管法の改正により創設された。一九八一（昭和五十六）年のことである。

「技術研修」の対象者は、当時の規定では「本邦の公私の機関により受け入れられて産業上の技術、技能または知識の習得をする者」である。それに該当する外国人に、この在留資格が付与される。研修生の日本での滞在期間は、基本的には「一年間以内」である。

（2）技能実習（二年間の在留期間）

実はその外国人には、さらに「一年以上」滞在するチャンスがある。その一年目の内に、日本の技能検定基礎二級相当に合格するなど、所定の要件を満たせばよい。

その場合、同一機関（会社）に、さらに二年間滞在できる。このとき、「実践的な技術習得のため」として、会社と雇用関係を結ぶことができる。これを「技能実習」と呼んだ。

この一年目の「外国人研修制度」（一年間）と二年目からの「技能実習」（二年間）をあわせて、最長三年間の在留が可能となっていた。

（3）団体監理型外国人研修制度の誕生

当初この「研修」制度は、大企業を中心としたシステムであった。またその趣旨は、現地事業所の生産性の向上、周辺の産業社会への社会貢献であった。日本国内の人手不足を補うものではなかった。

その後、中小企業における人手不足がより深刻化した。大企業中心ではなく、中小企業のための新たな外国人労働者導入システムが必要となった。

産業界からの強い要請の中、一九九〇（平成二）年に、「団体監理型研修」(4)の受入れが認められた。これが現在の技能実習制度的カタチの始まりである。国会での議論を経ず、法務省告示によって整備されたことで、物議をかもした制度でもあった。

3．研修生期（一九九三（平成五）年から二〇〇九（平成二十一）年）

その後一九九三（平成五）年、この制度（団体監理型研修）が拡充されて「技能実習制度」として導入された。（現在の「技能実習制度」とは異なることから、本書ではこれを「（旧）技能実習制度」と呼称）この時点では、従来の「研修生制度」も存在したままであった。

「（旧）技能実習制度」の趣旨は「中小企業の人手不足対策」であった。その点で、「大企業型」の趣旨とは異なった。

その結果、受入れ側（日本）も送り出し側（外国）も双方が、「外国人は〃出稼ぎ労働者〃である」と考えるようになった。発展途上国の若者を、日本の人手が不足している産業分野で、最低賃金かそれ以下の待遇で仕事をさせるシステムである。そして、これが一般的になっていった。

この「（旧）技能実習制度」の組み立てはこうである。

①（前半）まず、在留資格「研修」として、一年間の技術習得が課される。

②（後半）二年目に入ると「特定活動」として、一年間の技術向上期間と位置づけられる。ここまでで合計二年間。

③この「後半」の「一年間」部分が、「二年間」に延長された。これにより、合計三年間の日本滞在が可能となった。一九九七（平成九）年のことである。

この段階では次のような問題点があった。

①在留資格「研修」では、最初の一年間は、教育訓練中の「研修生」という身分であった。この期間は、「労働者」としてはみなされない。したがって、労働関係法の対象外。与えられる報酬も「賃金」ではなく、生活費としての「研修手当」とされた。

②「研修手当」の金額は、法律上の最低賃金額を下回ることもあった。実際には、ほとんどの外国人が、日本人と同じ労働に従事している。しかし、その報酬は日本人よりも明らかに低い。月額平均で六万三八〇〇円程度（二〇〇六（平成十八）年）。時給約三〇〇円という記録もある。

③その（労働者扱いされない）「研修生」期間を経て、日本語技能検定試験二級に合格すると、二年目に入れる。ここで初めて、「労働者として働く〝実習生〟」となれた。この最初の「労働者とみなされない」〝空白の一年間〟は、その後の二〇一〇（平成二十二）年七月に、入管法の改正・施行により廃止される。（後述）

4. 外国人の人権問題

この（旧）技能実習制度（一九九三（平成五）年）の一番の問題点は、言うまでもなく、一年目の外国人を「労働者」と見なさなかったことであった。

一日八時間労働、休日も他の従業員と同じ。しかし、日本人は「労働者」で、外国人は「研修生」。

研修生には、「残業」という概念はないので「時間外手当」も存在しない。またそもそも、外国人の〝残業〟は禁止されていた（が、実際には行われていた）。この「これは研修であり労働ではない」という強弁は、その後も長らくまかり通った(5)。

摘発事例も増加していった。この種の紛争の典型例は、〝賃金〟の未払いや報酬を与えない〝時間外労働〟などであった。

仮に最低賃金額以上の報酬が支給されたとしても、あれこれと理由づけされた控除（例えば高額な寮費）があった。その分が報酬から引かれ、実際の支給金額は、かなり低額となった。（賃金の不当控除）

その他、長時間労働、暴言、パワハラ、セクハラ等の問題も少なくなかった。これらは、「日本の奴隷制度」として、国際社会からも痛烈に批判された(6)。

5. 技能実習生期（二〇一〇（平成二十二年）年以降）在留資格「技能実習」の創設

その後、二〇一〇（平成二十二）年七月に、改正入管法が施行され（改正は前年）、在留資格としての「技能実習制度」が創設された。そして、（労働者としてみなされない）「研修期間（一年間）」は廃止された。

この「技能実習」という在留資格のもとで、やっと一年目から「労働者」と見なされるようになった(7)。

また、実習生を保護するための体制も整備され、受入れ企業側、監理団体側の指導・管理責任も強化された。悪質な企業には、受入れの停止処分などが下されるようになった。

注

（1）本章に活用した主な文献・資料

大重史朗（二〇一六）「外国人技能実習制度の現状と法的課題―人権を尊重する多文化社会構成にむけた一考察―」『中央学院大学法学論叢』№2

上林千恵子（二〇一八）「外国人技能実習制度成立の経緯と2009年の転換点の意味づけ―外国人労働者受け入れのための試行過」移民政策研究第十号

于　洋（二〇二〇）「わが国における外国人介護人材の受入れ政策の展望と課題」『城西現

代政策研究』No.１３第二号
中嶋裕子（二〇二一）「外国人技能実習制度の介護分野における監理団体の取り組み」『社会事業研究』第六十号・日本社会事業大学社会福祉学会

（2）（厚労省ＨＰ「技能実習制度の見直しについて」より抜粋）技能実習制度を発展的に解消し、新たに人材育成と人材確保を目的とした「育成就労制度」を創設すること等を盛り込んだ、出入国管理及び難民認定法及び外国人の技能実習の適正な実施及び技能実習生の保護に関する法律の一部を改正する法律（令和六年法律第六十号）を、令和六年六月二十一日に公布しました（一部規定を除き、施行日は公布から三年を超えない範囲で政令で定める日）。

（3）（参照「ＮＨＫニュースＷＥＢ二〇二四年六月十四日」より抜粋）二〇二三年末時点で日本に在留する技能実習生は四十万四五五六人。これまでの技能実習制度は、外国からの実習生が日本で技術を習得して母国へ持ち帰り、産業発展に貢献するという「国際貢献」の看板が掲げられていました。しかし、日本の労働力不足を実習生で補っているのが実情だとして「目的と実態がかい離している」との指摘があり、見直しが行われました。新しい育成就労制度では、労働力として向き合い、労働者としての人権を守るとしています。

（4）入管法改正後の一九九〇（平成二）年八月には、法務大臣告示により「研修に係る審査基準の一部緩和」が発表され、中小企業でも、団体を組織化することにより研修生受け入れが可能となった。ここに現在の技能実習制度の原型である団体監理型外国人研修制度が発足する。

（5）研修制度時代は、「研修であり労働とみなされる活動への従事は禁止」などの規定もありこの点でも複雑であった。

（6）国連人権委員会、人種差別撤廃委員会などの国連機関からも公然と批判された。「研修生・技能実習生の心身の健康、身体的尊厳、表現・移動の自由などの権利侵害となるような条件下で、搾取的で安価な労働力を供給し、奴隷制度にまで発展している場合さえあり、こうした制度を廃止して、雇用制度に改めるべき」というのが趣旨の指摘であった。

（7）一方で、労働者となり、残業が可能となったことで、収入を増やしたい実習生が、残業の要求をし始め、それが少ない（無い）ことがトラブルのもとになるケースも指摘されている。また、もう一つの変化は、「労働者としての待遇を図る」として、事業主が実習生に対して高い生産性と求めるようになったことも指摘されている。よりドライな労使関係が表面化した。

第2話　技能実習法から育成就労制度へ

1．技能実習法

前話に続く。改正入管法による技能実習制度でも依然として、法令違反や人権侵害はなくならなかった。そして、国内外からの批判もおさまらない。一方で、人手不足が深刻化する産業界からは、「対象職種の拡大」「実習期間の延長」を求める声が高まっていた。

そこで、二〇一七（平成二十九）年に、「技能実習法」（外国人技能実習生の適正な実施及び、技能実習生の保護に関する法律）が施行される(1)。このとき対象職種の中に「介護職種」も追加された。

加えて、制度運営に対する指導管理体制の強化として、技能実習法を根拠とする「外国人技能実習機構」（法務省と厚労省が所管する認可法人）が創設された。ここは、監理団体や受入れ企業に対して、強い監督・指導権限を持った。不適切な事案に対する改善命令はもとより、許可取り消し、業務停止などの措置も行えた。

また、「人材を送り出す側」（外国）と「受入れる側」（日本）の政府間で、「協力覚書」を締結することになった。

その意義は何か。従来の技能実習制度は、民間が主体となって動いており、政府としての管理・監督色が薄かった。その結果、特に送り出しを行う国（外国）では、悪質なブローカーや斡旋業者が介在してくるケースがあった。これに日本が対処することは困難であった。

これに対して、「政府間での法的・制度的な合意形成」（協力覚書）(2)では、送り出し機関（海外の相手国）の認定について、日本側から「認定基準」を示す。そして、日本側はその基準にそって、送り出し機関の「認定」も「認定の取り消し」も行うことができるというものである。悪質な送り出し機関の排除策である。

2. 育成就労制度

このように、「研修生制度」から始まった「技能実習制度」は、時代とともに進化していった。しかし、それでも大きな〝矛盾点〟はそのままであった。「技術移転」（国際貢献）を謳いながら、その実態は、「労働力不足の補完」である。

中には、日本人が就きたがらない労働分野への補完的意味もあった。「低熟練労働者の受入れ制度」「研修生労働市場」との批判は変わらなかった。

また、労働関係法の適用だけでは解決されない人権侵害も残った。これは大きな社会問題であった。こうした流れの中で創設されたのが「育成就労制度」である。

新しい制度では、その目的が「国際貢献」から「人材育成・確保」に変わった。技能実習制度では不要であった初級レベルの「日本語試験の合格」や「講習受講」が必要となった。もう一つの大きな特徴は、分野ごとに決まる一定の条件の上で働く場所を変える「転籍」が可能となったことである。技能実習制度では、原則としてこれは認められていなかった。

注

（1）労働力不足の対応を、発展途上国に頼らざるを得ない状況の中で、特に人手不足が深刻な建築分野での受入れ枠を拡充する必要があった。また、技能実習一号（一年間）、技能実習二号（二年間）という段階をもって、最長合計三年間の実習となるが、二〇一七（平成二十九）年の「技能実習法」の整備で、技能実習三号（二年間）が追加され、最長五年間となった。東日本大震災の被災地復興、東京五輪の準備で膨らむ建設需要に対応するためともされた。また人権侵害行為に対して、禁止規定と罰則規定が設けられた。

（2）（参考）ミャンマーとの協力覚書（厚労省ウェブサイトより抜粋）

平成三十年四月十九日、「日本国法務省・外務省・厚生労働省とミャンマー労働・入国管理・人口省との間の技能実習に関する協力覚書（ＭＯＣ）」を作成しました。（中略）覚書のポイントは、以下のとおりです。

【協力覚書の主な内容】

（日本側）

〇技能実習法の基準に基づき、監理団体の許可・技能実習計画の認定を行う。

〇ミャンマー側が認定した送出機関及び認定を取り消した送出機関を日本で公表し、ミャンマー側が認定した送出機関からの技能実習生のみを受け入れる。

〇監理団体・実習実施者に対して、許認可の取消や改善命令を行った場合は、その結果をミャンマー側に通知する。

（ミャンマー側）

〇本協力覚書の認定基準に基づき、送出機関の認定を適切に行う。
・制度の趣旨を理解して技能実習を行おうとする者を選定すること
・帰国した者が技能等を活用できるよう就職先のあっせんその他の支援を行うこと
・保証金の徴収，違約金契約をしないこと
・技能実習生に対する人権侵害をしないこと
〇送出機関の認定を取り消したときは、日本側に通知する。

〇日本側から不適切な送出機関についての通知を受けたときは、調査を行い適切に対処する。またその結果を日本側に通知する。

（共通の事項）
・技能実習制度の運用について、随時意見交換を行う。

第６章　監理団体とＴＥＣＳ

第１話　監理団体

１．監理団体の存在

監理団体とは、技能実習制度において、国外からの実習生を受入れ、訓練し、実習先企業へ送り出す機関である。

主務大臣（法務大臣・厚生労働大臣）から許可を受けた、営利を目的としない法人であり、技能実習法にはこう謳われている。

「監理団体は、技能実習の適正な実施及び技能実習生の保護について重要な役割を果たすものであることを自覚し、実習監理の責任を適切に果たすとともに、国及び地方公共団体が講ずる施策に協力しなければならない」（法第五条第二項）。（横線は筆者）

送り出した後は、第三者として、双方（企業と実習生）をサポートする。技能実習生にとって、監理団体は大きな拠り所である。企業（実習実施者）にとってもそうである。

例えば、日本の企業では、海外の送り出し機関は選べない。関係法令についても詳しくはない。また一方で、監理団体は企業に対して強い監督・指導権を持つ。
実習生に対する人権侵害の形はさまざまであるが、その中で監理団体は、実習生をどう保護するのか。そして、実習生と企業がともに喜び合えるような関係をどうつくるのか。ここに監理団体の役割と存在意義がある。しかし、実態としては、課題も多いことが指摘されている。

2. 監理団体の不祥事

これはメディア報道の一例である。

【独自】実習生の監理団体、許可取り消しの半数超に国が「優良」認定……ずさんな審査浮き彫り（読売新聞オンライン二〇二二年一月六日）

外国人技能実習生を企業などへあっせんする監理団体で、法令違反によって許可が取り消された三十団体のうち、半数以上にあたる十八団体は国から「優良団体」との認定を受けていたことが分かった。（中略）監理団体は二〇一七年から許可制となり、全国に約三五〇〇団体ある。実習状況を監査し、実習生を保護する役割を担う。（中略）厚生労働省などによると、一七五五団体が認定されている。だが、読売新聞の調べでは、国から優良団体

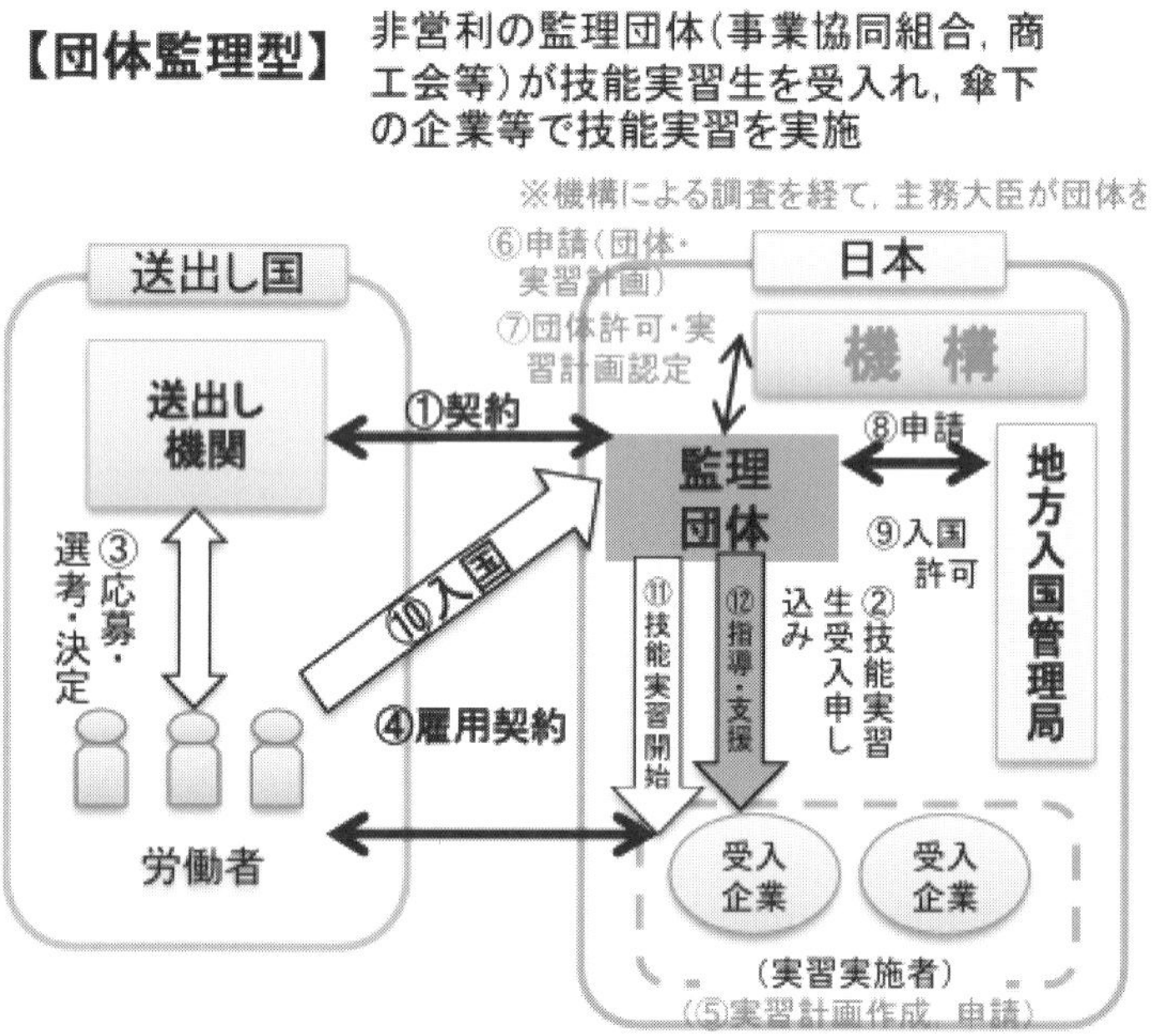

と「お墨付き」を得ていた東京、千葉、福岡など十六都県の計十八団体で、いずれも技能実習適正実施・実習生保護法に反する行為が確認された。（後略）

「取消し処分」等を受けた団体は、今もほぼ毎月のように発表されている。同様に、実習実施者（企業）の「認定取り消し処分」もある。

　それらに対する「改善命令」は、厚生労働省プレスリリース（照会先：人材開発統括官付技能実習業務指導室）や外国人技能実習機構でも公表されている。

処分の理由は何か。監理団体の場合は次のようなものである。
①監査等、実習実施者の監理を適切に実施していなかった。監理を行っていないにも関わらず、実施したとする「虚偽報告」（エア監査）を行った。
②技能実習機構に対して、虚偽の内容の申請・回答を行った。
③送出し機関との間で、違約金を定める覚書を交わしていた。
④自己の名義をもって、事業許可を得ていない他者に、監理事業を行わせていた。（名義貸し）

関連して、実習実施者（企業）の不祥事とは何か。
①労働基準法違反。残業代・割増賃金の未払い。定めた時間を超えて労働させた。
②労働安全衛生法違反。労災隠し。計画通りに実習を実施していない。
③実習生のパスポートを、本人から取り上げ企業が保管した。

受入れ企業の不祥事は、意図的なものばかりではない。監理団体が機能しておらず、（企業としては）意識の薄いままに違法行為を行っていたケースもある。

また、一方が優位に立つと不祥事が起きる。例えば、顧客としての企業に対して、監理団体が強く言えない場合である。実習生よりも企業の立場を優先する。

逆に、外国人を回してもらわないといけない企業が、監理団体に対して疑問を感じても、意見できないケースもある。

監理団体の不祥事には、「不作為《ふさくい》」も含まれる。積極的・意図的に悪質な行為を行うのではなく、法的に実施すべき行為を行わずに「義務を放置した」というものである。

監理団体と企業の癒着もある。双方が組んで不正を働く。外国人を犠牲にして、自己利益を優先するというものである。

政府も「監理団体が適正に機能していないことから悪質な人権侵害が実習先で発生している」という見解を示している。この度の技能実習制度の廃止も、企業のみならず、監理団体が起こす不祥事がその背景にあった。

３．監理団体の役割や主な業務

監理団体の業務は次の六つに整理されている。

①監査業務（定期監査・臨時監査）
②訪問指導
③入国後講習の実施
④技能実習計画の作成指導

⑤外国の送り出し機関との契約、求人・求職の取次ぎなど
⑥技能実習生の保護・支援

簡単に説明する。
①（監査業務）は、実習が適切に行われているかの確認業務である。三か月に一回企業を訪問して定期監査を行う。不適切と判断される場合には、臨時監査を行うこともある。
②（訪問指導）は、定期監査とは別に行うものである。配属一年目の実習生を対象に、毎月訪問し技能実習の進捗状況の確認や指導を行う。
③（入国後講習の実施）は、入国後、企業に配属される直前の技能実習生に対して、日本語や日本での生活全般に関する内容と法的保護の研修を行うものである。
④（技能実習計画の作成指導）は、実習生の受入れを行おうとする企業への「技能実習計画」の作成指導である。企業は、事前に外国人技能実習機構からその認可を得なければならない。その際に「技能実習計画」を提出する必要がある。
⑤（外国の送り出し機関との契約、求人・求職の取次など）は、技能実習生を送り出す海外の現地機関との契約や、現地での求人活動、面接同行などである。相手がどのような送り出し機関なのかも、日本の監理団体が見極めなければならない。

⑥（技能実習生の保護・支援）は、技能実習生が母国語で相談できる生活相談の窓口業務とその内容に応じた対応などである。

以上を見ると、監理団体が技能実習生にとって、いかに重要な立ち位置にあるのかが分かる。実習生は、そこを信じて身を委ねるしかない。

では、監理団体の基本姿勢とは、如何にあるべきなのか。今回、筆者の取材にご協力いただいた「協同組合技術者育成協力会」（ＴＥＣＳ）（本部：広島市）の活動事例を通じて掘り下げてみたい。

第2話　協同組合技術者育成協力会（ＴＥＣＳ）の発足

１．代表理事の松本聡さんの歩みから

ＴＥＣＳは、二〇〇三（平成十五）年の創業。全職種（製造業・介護）あわせて約二〇〇〇人を入国させてきた実績を持つ。

この話は、ＴＥＣＳの発足時まで遡った方が、より深く理解できる。発足からの今日までの経緯の中に、「監理団体の本質」を問う場面が、幾つも出てくるからである。

それでは、設立以来代表理事である松本聡さんの歩みから起こしていく。

松本さんは、現在、広島県外国人技能実習生受入団体連絡協議会の会長も務める。松本さんは大学卒業後、現在のＪＲの前身である日本国有鉄道（以下、国鉄）に入職した。国鉄と言えば、いわゆる「三公社」といわれる公共企業体の一つ。国が一〇〇％出資する公社（特殊法人）である。

松本さんは、幾つかの駅勤務を経て、やがて「鉄道学園」（広島）に配属された。鉄道学園とは、国鉄内部の職員研修機関である。そして、将来、松本さんが目指していたのは、「中央鉄道学園」（東京）での講師職であった(1)。

ところが、その目標は間もなく潰える。あの国鉄の大改革「国鉄分割民営化」である。「国鉄分割民営化」とは簡単に言うとこうである。

国鉄という〝大企業〟は、赤字続きの債務（借金）まみれであった。しかし、公共企業体なので絶対に潰れない（と思われていた）。とは言えこの状態での経営改善は到底見込めない。その中で下された政治的判断が、国鉄そのものを廃止する（潰す）であった。

廃止した後は、新しい民間会社をつくり、鉄道事業はそこへ移す。その結果が、今のＪＲ（Japan Railways）グループである(2)。その際の「中央鉄道学園」の廃止は確実であった。そこには多額の費用がかかっていたからである(3)。

そのタイミングで、松本さんは人事課へ異動した。そこでの松本さんの仕事は、雇用対策室での退職希望者の再就職斡旋業務であった。

松本さんの管区だけでも、途轍もない規模の人員整理（リストラ）であった。職員の再就職先の確保に向けて、怒涛のような毎日が始まった。

Ａ企業に何人、Ｂ銀行に何人、各省庁に何人、地方自治体等に何人と、寄せられる求人に対し、管内に募集要項を発表し、転職を希望する職員に対して、部内で選定作業を繰り返し、確実に就職に結びつける。公的機関及び民間企業に転籍を希望した職員にもいろいろな思いがあろう。松本さんは、そう考えると悶々とした日々であったと言う。

その悶々には、もう一つの理由があった。それは、人事課の職員は、新会社への転籍がほぼ約束されており、松本さん自身も、（新会社で）生き残れることが保証されていたことであった。

そのような中で、ある日松本さんは、上司から「業務を着実に遂行する上での君の基本姿勢は何だ」と問われた。松本さんは「（整理される）本人の気持ちを大事にする」と返した。その回答に対して上司は激怒した。「生ぬるい！」と叱責された。このとき、松本さんの「悶々」は「嫌気」に変わった。気持ちがはっきりとした。

方法は問わない。とにかく目標に向けた、速やかなる削減が第一。そこに整理される職員の側への〝寄り添い〟をまったく感じなかった。松本さんは、もうつきあえないと思った。

松本さんは、国鉄を退職。小さな会社を立ち上げて独立した。会社社長であり、日々は販売店の店長でもあった。

ある日、常連の男性客から声をかけられた。その人は、ベトナム人を相手にした監理団体の責任者であった。現在の技能実習制度の前身の「外国人研修制度」のときである。その男性から、「新しく立ち上げる監理団体のその先頭に立って欲しい」と頼まれた。かつて国鉄の人事課にいたことが見込まれた。

自分の会社（店）のこともある。さりとて、常連客からの頼みをムゲにもできない。やむを得ず、松本さんは引き受けた。自分の会社業務と並行しての「兼務」であった。

松本さんは、その監理団体の現場に入って驚いた。当時の外国人研修制度のもとで、外国人は「研修生であって労働者に非ず」であった。それを行政も半ば黙認。日本中でその大事なところが曖昧にされていた。（第5章第1話参照）

2. 松本さんが見た監理団体の現状

二〇〇三（平成十五）年二月「協同組合技術者育成協力会」を設立。初代の代表理事として松本聡さんが選任された。後に、この団体名を英訳して、その頭文字を取り、略称で「TECS」（テックス）としたが、この時点では未だ「組合」と略して呼んでいた(4)。

職員も雇用できないような状態の中で、松本さんの責任者としての仕事が始まった。早朝から昼までは自社の仕事。午後からは組合。しかも、後者（組合）は無給であった。

先述のように、当時は世間一般、受入れ企業においても、監理団体においても、双方に問題が多かった。また、監理団体が、外国人を、単に企業へ横流しするような例も少なくなかった。

入国後、ろくな訓練（入国後講習）も行わずに企業に送り込む。実習生は、日本語も日本の生活文化も十分に学ばないままに現場へ出る。中には、実際には行ってもいない入国後講習を、やったことに偽装する監理団体もあった。監督官庁等に対しては、虚偽の報告を行うのである。

入国後講習を受けている（最中の）はずの実習生が、すでに（企業で）働いている。企業は、その間の給与は出せない。というか、出したことが判るような記録は残せない。そこで、その期間は、別の名目でお金を出す。いわゆる〝闇給与〟である。

残業させると「残業手当」（超過勤務手当）が発生する。（一年目の研修生は、そもそも残業自体が禁止であった）手当は、法律上割り増さないといけない。そこで、本来の実習（仕事）とは切り離し、「残業」した時間は、別に「内職」として取り扱う。その内職の単価で支給する。すると（割り増さないで）安く済む。

監理団体もこれを黙認する。もちろん、外国人に対して、適切に対応していた企業や監理団体もあった。しかし、そうでないところも多かった。それがまかり通っていた時代があったということである。

３．組合（監理団体）の立て直し

新組合のスタートから三年。一度は辞めることを決意した松本さんであったが、役員からの慰留にあった。そのとき、今後の大きな改革に対して、全面的に協力してもらうことを役員と約束した。

当時の技能実習生の受入れ企業は、役員自身が社長である会社のみであった。まず、そこでのコンプライアンスを徹底する。労働法令による労働者として、きちんと扱うことである。

次に、技能実習受入れ拡大のために、一致団結して新たな受入れ企業を探すこと。これにより収益の増加を図る。各方面への未払い金は、銀行からの借り入れで清算した。その借り入れも収益の増加で、まもなく完済することができた。

ここから松本さん自身も組合業務に専念することになる。代表理事就任から三年が経過した二〇〇六（平成十八）年、現在の技能実習制度（二〇一〇（平成二十二）年）がスタートする四年前のことである。

松本さんは、新しい気持ちでスタートした。このとき「協同組合技術者育成協力会」を、英訳の頭文字をとって略称「ＴＥＣＳ」（テックス）とした。

４．監理団体としての自立

松本さんは、あらためて二つの理念を打ち立てた。

その一つは「法令遵守」。二つ目は、徹底した「人材教育」である。後者を具体化したのが「木鶏の杜」である。（第3章参照）

この仕事を、「人の横流しで〝手数料〟を取る」という単なる〝人材ブローカー〟などと言われたくない。そのような監理団体には絶対にしない。真っ当なやり方で、企業にきちんとした人材を送り出す。

海外から、言わば命がけでやって来た「技能実習生」を中心に据え、「送り出し機関」と「受入れ企業」との関係と連携を適切に保ち、皆の幸福を図る。それが本当の社会貢献。松本さんは、その思いを次のように述べている。

「私は、もともとは（国鉄の）『鉄道学園』で人材教育がしたかったのです。そこでの『教育』には、魅了されるものがありました。

社会に貢献できる人材を育てる。優秀な人材を育成して現場に送り出す。社会に貢献し、そして、その人材にも幸福になってもらう。そこに醍醐味がありました。

国鉄の分割民営化でその夢は断たれた訳ですが、鉄道学園でできなかった『教育』が、ここでできるかも知れない。そこにやりがいを予感して、どんどんとのめりこんでいきました」。

5．人材教育の基本

先述したが、ＴＥＣＳの教育上の基本方針は「三原則と5Ｓ」にまとめられている。笑顔で挨拶、時間を守る、約束を守るの「三原則」。整理、整頓、清掃、清潔、躾の「５Ｓ」。実習生が、日本で自立していくために手が抜けない基本となる大事なものである。これを「木鶏の杜」で徹底的に身につける。ここに創業者松本聡さんの強い思い入れがあった。これについて松本さんはこう語る。

「公共交通事業としての国鉄の評価はいろいろあったと思います。しかし『鉄道学園』の教育は素晴らしかった。

新任から管理職まですべてが対象。基本は『礼儀』と『規律』と『時間』。これらが守れない仕事など、国鉄にはあり得ませんでした。私の教育の原点はここにあります。

昔から日本で製造されたものは、メイドインジャパン（made-in-Japan）と言って、高品質の代名詞でした。世界に誇れるものでした。それは、どのような環境条件下でも、つくる人がきちんとした仕事をしていたからです。

三ツ星シェフも大工の棟梁も同じです。仕事でも社会生活でも、人の行為の規準となるものがある。決まりがある。それが『規律』です。

まずは仕事場を整え、清潔にし、材料や道具を大切にする。皆、この基本を大事にして積み上げてきた。『自由な発想』を言うのはその後からでよい。それが日本のものづくりでした。これが日本の高度経済成長を支えてきたと思っています。

木鶏の杜では、起床から就寝までが訓練。返事、挨拶、身なり、言葉遣い、設備や物の扱い、立ち座りの姿勢、人との話し方、接し方。これらを日常生活の中で何度も繰り返し学びます。人としての基礎を身につけることで、初めてこれからの成長が期待できると思っています」。

さらに松本さんは、現代の日本の若者の風潮から感じるところをこう表現する。

「『個人』や『自由』が先行しがちな現代です。現代の若者の中には、こうした集団生活の中での『基本規律の徹底』を『画一的』とか『強制的』と感じる人もいるかも知れません。それを耳にしたこともあります。恵まれた環境の中で、それを必要と感じることもなく育てば、そうなのかも知れません。

しかし、自分の人生のみならず、家族の生活まで背負って日本にやってきた子たちが、この現実社会の中で自立し、自らの手で幸福をつかむために、まず身につけるべきものは何か。私たちが、そこを見失わずに、信念を持ってやっていかなければいけない。そういうことだと思っています」。

注

（1）中央鉄道学園とは、東京国分寺の広大な敷地にあって、校舎、実習設備、図書館、学生寮、陸上競技場、野球場を備え、新幹線、電車、機関車などが置かれている教育機関。講師は、国鉄本社や技術研究所、東京大学、一橋大学他の一流大学から招かれ、事実上の大学教育課程に相当する教育内容から「鉄道大学校」とも呼ばれた。そこを修了した者は、国鉄内部における処遇では、「大卒相当」の扱いとなっていた。

（２）新民間会社をつくって、鉄道事業はそこに移す。今後は、民間の「経営感覚」でやっていく。「分割」として、全国で数個の会社を分ける。それが、今のＪＲ（Japan Railways）グループであり、分割された「各社」というのが、ＪＲ東日本、ＪＲ東海、ＪＲ西日本などである。この分割民営化は、数年の議論を経て、一九八七（昭和六十二）年四月をもって実施と決まった。

（３）新会社への移行に際しては、膨れ上がった人件費など、諸経費の大幅な削減が必要。そのまま移行しては、新会社の経営が成り立たない。「人員削減」、「事業の統廃合」等の中で、最上位にあがったのが「鉄道学園」の廃止であった。

（４）監理団体を設立する場合、まずは母体となる非営利団体が必要となる。非営利団体としての選択肢はいくつかあるが、一般的には「公益社団法人」と「事業協同組合」の二つ。「協同組合技術者育成協力会」は、この内「事業協同組合」を設立していた。

第３話　技能実習「介護職種」への参入

１．「介護職種」への参入

ある日、松本さんは、介護施設を経営する知人から「介護はやらないのか？」と訊かれた。このとき松本さん自身は、外国人に日本の「介護」の仕事は難しいと考えていた。お年寄りと直接的に接する仕事。コミュニケーションの問題。お年寄り自身がどう受けとめるか。やはり、東南アジアの人には難しすぎる。ものづくり（製造業）でも簡単ではないのに。そう考えていた。

しかし、知人の認識は違っていた。「そんなことはない。実際にやっている」と言う。そこまで言うならと、その施設を見に行った。

松本さんは、そこで驚いた。その施設では、ミャンマーの若者が、明るく元気に、立派に日本語を使って介護の仕事をしている。そして、施設のお年寄りに愛されている。松本さんの認識は大きく変わった。

介護は専門的な仕事。誰がやっても良いというものではない。ロボットとか機械化には限界がある世界。その中で日本は少子高齢化。介護業界は深刻な人手不足。介護業界への人材供給は、社会的な意義も大きい。

そして、日本政府もこの人材確保に力を入れている。技能実習の中でも介護職種では、（固有条件として）Ｎ４以上の日本語能力を入国条件とするなど、いろいろと考えられている。

高まる関心の中で、松本さんはさらに見聞を広げてみた。すると、もうひとつ判ったことがあった。

日本では、介護の仕事自体の社会的評価が、思った以上に高くない。そして、大変な仕事である割には、働く条件が良くない。必然的に良い人材が入ってこない。応募がないから採用のハードルが下がる。適性に疑問があっても雇用される人が出てくる。その結果、全体の介護の水準が下がる。すると仕事場としての魅力が下がる。こうして悪循環となる。

松本さんは、ミャンマー人の宗教性についても調べた。

ミャンマーは非常に敬虔な仏教国で、国民の約九割が仏教徒。上座部仏教《じょうざぶぶっきょう》（「小乗仏教」とも言う）といい、功徳《くどく》を積むことが大切とされている。

人に親切するのは当たり前のこと。そのことによって、自分が救われる。家族を大切にして、目上の人や年長者を敬う。そして、ミャンマーの子は、お年寄りが大好きだという。

結論として、ミャンマーの若者による介護が、日本人のそれに劣るとは限らない。逆に介護現場にとって、刺激的な存在にもなり得る。日本の介護の発展に、一石を投じるお手伝いができるのではないか。そう考えるようになった。

実は、監理団体としての現実問題を言えば、一度にたくさんの人数を送り込める製造業と比べて、（介護の）経営効率は良くない。しかし、それにしても、介護には魅力があった。可能性への予感があった。松本さんはやることにした。

２．「介護職種」導入へ向けての事業推進室

この新プロジェクトを進めるための実働部隊。そこの責任者となったのが、事業推進室長の村瀬敬祐《けいすけ》さんであった。

村瀬さんは、二〇二〇（令和二）年四月にＴＥＣＳ入職。以前は、主に人材派遣・転職支援・教育研修に関わる仕事をしていた。その経緯を簡単にまとめると、次のようなものである。

村瀬さんは、地元広島から東京の大学へ進学。卒業後は、在京のまま大手アパレルメーカーに入社した。そこでは、事業企画、商品企画の仕事をしていた。

村瀬さんには、そこに至るまでの「進路選択」の基準があった。それは高いレベルでのテニスプレイができるところであった。その結果、大学は関東一部リーグにある名門校に進学。就職先は、社会人テニスの強豪企業であった。ご本人曰く、「若かりし当時の単純な

志向」ということであった。

就職先がアパレル関係であったのには、もうひとつ理由があった。父親が経営する繊維関連会社の跡取りとしての立場を意識してのことであった。

しかし、社会人一年目に父親が急逝し、跡取りの立場は断念。その約十年後には、残された母親の世話のために広島に帰郷することになった。村瀬さんが三十五歳のときである。

東京にいながら広島での転職先を探す。これは思った以上に大変であった。結局、転職先が決まらないまま帰郷した。このときの経験が、村瀬さんのその後のライフワークを方向付けることになる。キーワードは「人材」である。

村瀬さんは、総合人材サービス会社に就職し、転職支援事業を担当。地元の大手百貨店の関連会社が、新規に立ち上げたものである。

人材を求めている「企業」と、働く場を求めている「人」をマッチングさせていく。徐々に規模も拡大し、そこでの責任者としての仕事に、とてもやりがいを感じた。その後、人材派遣や教育研修など、「人」をテーマとした様々な人材サービス事業に携わる。

３．人材確保と外国人

その後、新しく移った会社は、「人材派遣事業」を主としていた。村瀬さんは、そこに

「転職支援事業」と「教育研修事業」を立ち上げた。さらに、今後の事業展開を検討する「経営企画部」の責任者に就いた。

　そして、村瀬さんは、広島県が主催する「イノベーターズ１００（ワンハンドレッド）」というプロジェクトに参加することになる(1)。

「イノベーターズ１００」とは、広島県が「イノベーション立県」の実現を目指して、県内から一〇〇人のイノベーターを発掘・育成するというものであった。

　一流コンサルタント会社の企画・運営のもとに、企業経営の実践家や研究者などからレクチャーを受ける。そして、約一年間をかけて、各自が「新規事業計画」を創る。最後に、それをプレゼンテーションする。そこで村瀬さんが注目したのが、「外国人」であった。

　要は、人材確保や育成の問題は、すでに国内だけでは解決し得ない段階にある。現にものすごい勢いで外国人労働者が入って来ている。すると、同時に避けては通れない課題がある。外国人との共生である。

　広島において、外国人が各産業での戦力となり、同時に地域に隣人として受容れられる社会をどうつくるのか。そこに迫るテーマを選んだ。

　村瀬さんは、さまざまな人を訪ね歩いた。そこで出会ったのが、松本聡さんであった。企業ネットワークを持つ村瀬さんの会社と、外国人の受入れ実績を持つＴＥＣＳとのアライアンス（業務提携）をもとにした構想を練った。

それは、ＴＥＣＳが「介護職種」への参入を検討し始めたタイミングでもあった。村瀬さんと松本さんは、介護施設を見学した。そこで見たのが、技能実習生の真摯な働きぶりであった。それまで勝手に描いていたイメージが覆った。外国人でも日本の介護はできる。村瀬さんのテーマは、時代を踏まえた「外国人との共生」であったが、海外を相手にした仕事がしたかったのには、もう一つの理由があった。

最初のアパレルメーカーでは、イギリスのブランド品を担当。イギリスのみならず、フランス、イタリアなど〝海外漬け〟の日々であった。このときから「海外を相手にした仕事」が村瀬さんの志向であった。

紆余曲折を経て、地域はヨーロッパから東南アジアへと移ったが、こうして「人」と「企業」、「日本」と「海外」をつなぐ仕事に至った。

４．「介護職種」の立ち上げ（具体化）

村瀬さんは、二〇二〇（令和二）年四月にＴＥＣＳへ入職。ＴＥＣＳは、同年同月に外国人技能実習「介護」職種の認可を取得した。

技能実習「介護」を具体化していく。この作業が、事業推進室を中心に本格化した。対象国はミャンマーである。しかし、世界はコロナ禍に突入していた(2)。

渡航は困難。国内でも介護施設への訪問は難しい。それでも、広島県と山口県を中心に、一〇〇近くの施設を回った。リサーチである。

介護現場は、人材が欲しい。できるだけ介護福祉士を配置してサービスの質を上げたい。あわせて収益の向上も図りたい(3)。

外国からの介護人材の受入れに対する、介護施設側の懸念材料は何か。やはりそれはコミュニケーションの問題であった。また、介護現場では（日本語での）介護記録等の問題もある。また、利用者さんがどう受けとめてくれるだろうか、という気がかりもある。

一方で、現場には期待もあった。できるだけ長く働き、介護福祉士資格を取って、そして、将来はリーダーになって欲しいというものである。

そこに偏見めいたものはなかった。と言うか、実のところを言うと、「東南アジアの人のことが、よく分からない」というのが実際であった。未知の世界なのである。しかし、現実には着々と全国に広がりつつあった。政府も積極的に推奨していた。

現場が求める介護職像とはどのようなものであったか。

一番目は、お年寄りへの「思いやり」、仕事へ取り組む「まじめさ・真剣さ」、周囲への「気配り」。二番目に、「コミュニケーション能力」（日本語）。三番目は「介護技術」であった。

この内、三番目（介護技術）は現場で教え込める。よってベースとして大事なのは、一番目と二番目。これが各施設での共通の声であった。

このリサーチは、すでに受注活動も兼ねていた。そして、コロナ規制も少しずつ緩和して本格的に動き始めた。

ＴＥＣＳとしての「介護一期生」の入国。そして、二〇二二（令和四）年五月（認可取得から二年一月後）、初の介護施設への送り出しが実現した。広島県と山口県にまたがる三法人からのスタートであった。

実習生への評価はどこも高かった。すると外国人の受入れに慎重な介護施設にも変化が起きてきた。

きちんとした挨拶、明るさ、一生懸命さ、気配り。例えば、利用者さんの体調不良に、一番先に気がつくのは実習生。

お年寄りにも愛され、また、利用者さんの名前もすぐに覚える。恐らく名前で呼んであげようという気持ちが強く、一生懸命覚えているのではないか。

日本語の上達も速い。最初は方言に苦労するが、一年もすると自分でも話している。働きぶりを示して「日本人よりも……」という声（評価）さえ聞こえてくる。

実績が出てくるにしたがって、徐々に受注活動の方法も変えていった。

最初は、資料での説明。次にオリジナルの動画の制作。今は、木鶏の杜や実際の介護施設にも見学に行っていただく。「百聞は一見にしかず」戦法である。理解を得るにはこれが一番速い。

筆者は、村瀬さんの受注活動を受けたある法人幹部から次のような話を聴いた。

「言葉も文化も違う外国人。未経験だらけの東南アジアの若者を受入れ、直接利用者さんと接する仕事をしてもらう訳です。法人としても全く未知の世界。徹底して研究しました。情報が偏らないように、一部の見解に引っ張られないように気をつけました。

制度も対象国もいろいろある。仲介団体はもっと多い。その結果、行き着いたのが『外国人技能実習制度』でした。

すると次に重要となるのが監理団体の選定。私たち現場が、実習生を迎え入れるまでは、その監理団体の対応を信じて委ねるしかありません。働き始めた後もそこ（監理団体）のフォローに頼るところが大きいのです。なので、その見極めには神経を研ぎ澄ましました。

そして、監理団体のスタッフから感じ取れる意識。実際の動き。人材教育に対する姿勢。そこに納得した結果が今です」。

スタッフ個人の歩みから、ＴＥＣＳでの現在までを聴いた筆者のインタビュー。最後に、村瀬さんはこう締めくくった。

「一番のやりがいは、送り出した実習生が元気なとき、（実習生が）日本に来て良かったと言ってくれたとき、介護施設も喜んでくれたときです。

絶対に取り引きしないのは、トップが、スタッフを大事にしていないと感じた施設。例えば、『人件費を上げたくないので、三年たったら辞めて帰国してもらいたい』というようなところです。

私たちの仕事は、外国人材の育成を通じての社会貢献です。何よりも、異国に来て必死になって努力している実習生には、どんどん成長してもらって、介護福祉士になって、リーダーになっていってほしい。そして幸せになってほしい。ここに共感のない施設とはつきあいません」。

注

（1）そのときは約二十社が参加。参加者は、「若手から中堅まで」という条件付き。そこに集った者は、異なる環境の中で、新たな視座やスキルを身につけ、そして議論しあう仲間をつくる。実績あるファシリテーター及び先輩イノベーター（ボード・オブ・イノベーターズ）によるメンタリングを受け、新事業計画を立案。最終的には、全体を前にしてのプレゼンテーション。県内のさまざまな業種の若手イノベーターが、組織の枠組みを超えて、新しい価値の生み出しを目指して切磋琢磨する場。

（2）日本では、新型コロナウイルスに関する発表が厚生労働省のリリースに初めて登場したのは、二〇二〇（令和二）年一月六日である。

（3）介護施設に給付される（介護保険制度上の）介護報酬は、介護福祉士の配置割合が高いと額も高くなる。無資格者が増えると、（比率を計算する際の分母が増えるために）その配置率が下がる。介護施設は、サービスの質を担保と経営という両面で介護福祉士が欲しい。外国人は介護福祉士ではない。このような理由で、外国人（＝無資格者）の採用に二の足が踏むところもあった。

第４話　介護福祉士を目指す

１．「人手」ではなく「戦力」に

先述したが、ＴＥＣＳの「介護職種」への参入は、介護業界への人材供給が、大きな社会的意義を持つと考えたからであった。そして、実習生の〝実績〟は、そのポテンシャルを見せつけた。彼女らは単なる〝人手〟ではない。

彼女らを、日本人に勝るとも劣らない〝戦力〟に育て上げたい。介護施設と監理団体が協力し合えばそれは可能である。

そのひとつの方向性として、彼女らに国家資格である介護福祉士の資格が取れるような道筋をつけたい。そのことによって、彼女らの価値も社会的評価も高まる。

それではどう道筋をつけるのか。彼女らが受験資格を得るには、まず「三年以上の実務経験」と「実務者研修の修了」が基本条件となってくる(1)。

受験資格が得られれば、次は年に一度の国家試験である。ＴＥＣＳでは、受験資格を得るための支援と国家試験合格のための学習支援を構想した。これは監理団体に対して、国（法令）が求めている業務ではない。費用保障もない独自の取り組みである。

ＴＥＣＳでは、二〇二二年（令和四）六月から実習生を送り出している。前述のように

「三年以上の実務経験」が必要である。すると最初の受験者は、順調にいって、二〇二五（令和七）年度に誕生する。試験日は、翌年二〇二六（令和八）年の一月または二月である。TECSでは、そこを目標に早い段階からその準備を開始した。

2．イーラーニングと対面での授業

この構想を具体化したのは、介護講師の山﨑さんである。まずは、独自にイーラーニングでの学習教材をつくった。「初任者研修」用と「実務者研修」用である。

イーラーニング用の教材には、必要な日本語、七五〇語を収録した。実習生は、（パスワードで）いつでもこれにアクセスできる。誰がどこまで学習したのかは、TECSでもチェックできるシステムである。

その上で二〇二三年（令和五年）度から「対面授業」も試行。山﨑さんが、施設に月に二回程度訪れて、一回二時間程度の授業を行うのである。

「試行」とはどういう意味か。先述したように、TECSの実習生が、その受験資格を得るのはまだ先の話である。しかし、TECSの実習生がいる同じ介護施設に、他の監理団体の実習生（ミャンマー人）がいて、彼女らは次期の試験に挑戦する意向があった。

そこの介護施設と連携して、山﨑さんが、その実習生（他の監理団体）とTECSの実習生に対して学習支援を行ったのである。

費用は取らない。彼女らは一生懸命勉強する。仕事が休みの日に、または仕事が終わった後に、イーラーニングや訪問授業での学習に取り組む。その結果、二〇二四（令和六）年一月実施の国家試験（合格発表は三月）に、初挑戦で（二名中）一名が合格した。

二〇二四（令和六）年四月、木鶏の杜の修了式に、その合格した実習生がゲストで出席した。木鶏の杜の修了者ではないが、皆にとっては同じミャンマーの先輩である。合格した彼女は、後輩に向けて、労いと激励のメッセージを送った。これから現場に旅立つ実習生にとって、目指すべき姿（お手本）がそこにあった。

国家試験（一月）が終わり二〇二四年（令和六）二月からは、山﨑講師によるウェブ授業をスタートさせている。月一回、一科目ずつ行い、基本的にすべての科目をカバーする。そして、来るべき木鶏の杜修了者の初受験に備える。

注

（1）　日本の介護福祉士養成施設（大学や専門学校）に就学して受験資格を得る方法の他、それ以外では、「実務経験三年以上」と「実務者研修修了」が受験資格要件となる。また「実務者研修」に代わる研修もある。また「見込み」で受験できるなどの措置がある。詳しくは、「公益財団法人社会福祉振興・試験センター」のサイトを参照。

第5話　過疎地域での共生

現在ＴＥＣＳは、介護の技能実習生を、広島県、山口県、島根県の三県に送り出している。その中には、中山間地域や瀬戸内海上の島地域もある。過疎地域に指定され、介護人材の確保に、非常に苦労しているところも多い。そこにおいて見えてきた課題があった。

１．過疎化と実習生の生活環境

日本では、過疎地域にも介護施設は一定程度整備されている。国においては、一九八〇年代の終わり頃から、急速なる施設整備を進めた。

しかし、どうしても地理的に不便な過疎地域が取り残されていく。そのような地域では、特別養護老人ホームを、公設民営方式で整備したケースが多い。

また、そのような地域ほど人手不足が深刻である。そこが外国人労働者を受入れようとしたときに、ネックとなることがある。それは、利便性という意味での、外国人にとっての生活環境の問題である。

実習生の〝脚〟は、徒歩かせいぜい自転車である。スーパーに行くにしても金融機関に行くにしても、それらの移動手段では簡単に行けないこともある。

また、路線バスは一日に数本。バス停までの距離も相当ある場合もある。そのような地域では、外国人は暮らしにくい。今回、筆者が訪問した介護施設でも、施設から出してくれる車で「一週間に一度の買い物」というところがあった。

つまり最も人材に困っている地域が、最も外国人が暮らしにくいという皮肉な状況である。このような地域が、全国的にも確実に増えている。

2．過疎地域のシェアハウス

その現実に触れＴＥＣＳではこう考えた。過疎地には、独居や高齢夫婦のみの世帯が多い。子は都会に出てしまっている。

年齢とともに心身は次第に衰え、健康不安も増す。一方で空き家は増え、人家は点在し、イザというときに近隣にすら頼れない。高齢者にとっては、こうした心細い状況がある。しかし、その人たちは、地域事情に明るく車を持っている人も多い。ではそこに、介護の実習生も一緒に住んではどうか。

彼女らはお年寄りが好きで、日本語もできる。年長者を敬い、人に親切にすることを功徳と考える。双方が助け合って生活できるシステムはできないか。昔風に言えば「下宿屋」さん。今風に言えば「シェアハウス」である。

さまざまな形がイメージされる。別に同じ屋根の下でなくても良い。渡り廊下付きの離れでもよいし、敷地内の別家屋でもよい。適当な距離感をもった疑似家族である。実習生は借家するわけであるから、もちろん家賃も光熱水費も支払う。

貸す側（高齢者）にとっては、お年寄り好きの実習生が、いつも声が届くところにいてくれる。お互いに困ったことがあれば助け合う。これを実現化すれば、過疎地にあっても諦めることはないのではないか。知恵を出し合えばいろいろな可能性がある。

3．決して空論ではない

実際にそのようなことが可能なのか。何をもって、そこに可能性を感じたのか。代表理事の松本さんはこう語った。

「この構想は決して空論とは思っていません。やらなければ『空論』になるだけです。うちはこれまでも、幾つもの過疎地域に（実習生を）送り出してきました。どの地域にも受入れの温かさがありました。

事前の説明会を開けば、そこに多くの住民の方々が参加してくれた。近所のお婆ちゃんからのおかずのお裾分けがあり、夕ご飯へ呼んでくれる。率先してお世話を申し出てくれる高齢者ご夫婦。ドライブや旅行に連れて行ってもらったとか。そのように可愛がられている実習生を見ていると、嬉しくて仕方がありません。と同時に、地域には十分に『共生の素地』があると感じるのです」。

どうやっていけば、それが実現に向かうのか。松本さんはこう続けた。

「ただ、これは『地域の理解』だけでは実現しないことも分かっています。そんな単純なものではない。

例えば、家屋の改修費用が必要になる場合も想定されます。しかし、外国人との共生問題は国を挙げての大きなテーマです。これから相当な勢いで外国人が増えていく。その人たちが隣人となるのです。この構想を後押しするような制度が創設されてもよいのではないかと思っています。

これから地域の人たちや関係機関・団体とも相談していきたいと考えています。大学などの研究機関からも知見をいただきたい。行政や政治にも問題提起していきたい。産官学連携です。

まずは一例をつくりたい。まだまだやりたいこと、やらなければならないことがたくさんあります」。

エピローグ（書き終えて）

外国人が、日本の介護施設で介護の仕事をする。その数は年々増え、その人たちは一定の、または高い評価を得ている。そして、介護福祉士も誕生している。

一昔前には想像できなかった。それが今現実にあるのは、またますます増えつつあるのは、需要の増加に伴う国の政策ということ以外に、また別の背景がある。

筆者が出会ったミャンマーの若者たちは、母国では働く場がなく、あっても低賃金で努力も報われない。国内では戦争があり危険で、徴兵制が強化され、一家での安心で安全な〝普通〟の暮らしが得にくい状況にあった。

貧しい中、「家族のため」「自分の夢のため」と、平均年齢約二十三歳の若者たちが、難しい日本語（特に漢字）にかじりつく。真剣に学び、懸命に仕事をする。

ミャンマーの送り出し機関の代表が言っていた。「ミャンマーの賃金は日本の十分の一。これが大きい」と。そうした東南アジアの国の社会情勢の中で、日本は大きな労働力を得ている。

筆者がミャンマーで、このまま帰国して、日本の日常に戻ることが怖くなったのは、（筆者の中で）日本とミャンマーの中の何かを比較したからであろう。

あくまでも相対的なものである。「整備された（恵まれた）社会環境」と「整備が未発達な（恵まれていない）社会環境」。「頑張れば選択肢が増える」と思える社会と「努力しても報われない」と認識されている社会。

また、その相対の中には「ミャンマーの若者」と「日本の若者」のコントラストもあった。日本でも、個々さまざまな家庭事情の中で、家族のためにと頑張る若者がいるであろう。しかし、その希望を異国にしか見いだせず、「家族を支えるために」が集団化して海外へ向かう風景など日本にはない。一般的には、まだ親に頼れる余地さえ残っている年代である。

筆者は、本書出版の目的を「ミャンマーの若者による技能実習介護への理解を深めること」と掲げた。その中で、「外国人はよく働く。ミャンマーの若者はよく頑張る」ということを書き述べてきた。

一方で、その「理解」を追えば追うほど、逆に「恵まれている（恵まれ続ける）ことの怖さ」また「それが当たり前になっていくことの恐ろしさ」も同時に感じざるを得なかった。本書を手に取ってくれた方々に対しては、そこへの共感もいくばくか期待している。

また、〝逆境〟にある若者を受入れて、愛情を持って支えようとする日本関係者に触れ、多くのことを感じた。

「この子らを見ると一切手を抜けない」「指導者として自分も成長しなければならない」と

いう人たちである。そこにある〝静かな興奮〟には、筆者は何度も共感した。

ＴＥＣＳのスタッフに、旅立つ彼女らへの「心配」を訊いてみた。やはり一番は、日本でうまく生活がやっていけるかどうか。この子たちはとても純粋。外国人であることで理不尽な目にあったりしないか。

粗相をすると、外国人であるがゆえに、日本人よりも厳しい目が向けられることがある。その意味で、外国人にはハンディがある。そう感じる。だから地域でのごみ出しは間違えないように、夜は騒いだりしないように言い聞かせてきた。このように語るスタッフがいた。

長い時間一緒にいて、いろいろな面に触れ関わると、「仕事」を超えた感情が起きる。これから送り出した実習生への施設訪問で、そこで引き続き彼女らを育ててくれている人たちにも会える。これからも彼女たちの成長を実感したい。この仕事を通じて、自分自身も実習生とともに成長したいと言うスタッフもいた。

一生懸命頑張る人に対しては、周囲は必ずこれを支えようとする。助けようとする。そのために、自分自身も高まりたいと思うようになる。本書の趣旨に、「実は支える側がその相手の真摯な姿に励まされている」という関係性の理解についても追加したい。

最後に、本書の出版に惜しみないご協力をいただいたＴＥＣＳ代表理事とスタッフの皆様、お忙しい中、快く取材に応じていただいた実習施設の皆様、表紙写真の撮影にご協力いただいた、やまなみ荘様と利用者様に心から感謝申し上げます。

また、技能実習生の皆様にも「ありがとうございました。日本は報われる国である。夢と目標に向けて頑張ってほしい」と申し上げさせていただきます。

※写真はTECSの皆様。向かって左から梶谷緑さん、石川雅子さん、松本聡（代表理事）さん、村瀬敬祐さん、翟宏江さん、山﨑知巳さん。（後方にあるのは研修施設の看板「木鶏の杜 熱血教室」）

文献・資料

村上信幸（二〇二三）『事務の眼（三十）外国人技能実習生をお迎えして思うこと』『熊精協会誌』第一九五号
平山千智（二〇二三）『ミャンマー技能実習生に聞く 私の祖父母のこと村のおとしよりのこと』『月刊ゆたかなくらし：わが国唯一の高齢期福祉・介護総合誌』四八六
清水弥生（二〇二三）『外国人介護労働の労働環境と包摂を考える～ドイツの事例から～』『神戸女子大学健康福祉学部紀要』No.１５
鄭　安君（二〇二三）『日本の介護分野における外国人の受入れ動向と課題～労働力確保と専門人材育成の狭間で～』『宇都宮大学国際学部多文化公共圏センター年報』No.１５
西垣充（二〇二三）『速報ミャンマーの最新情報～ヤンゴンから～』ミャンマービジネスサポートデスク短信．大阪産業局
石田路子（二〇二三）『外国人労働者の受け入れ方を知り、働き方を理解する』『社会運動』No.４５１
松田尚子（二〇二二）『介護労働者の需給推移と人材確保政策に関する一考察』『社会福祉学』第六十二巻第四号
塚田典子『日本の外国人介護労働者受け入れの成果と課題―今後の方向性について考える―』『生活協同組合研究』五五八・公益社団法人生協組合研究所
佐藤彩子（二〇二二）『介護サービス産業における労働力不足問題と外国人労働者の制度的受入』『地域毛リング』ＶＯＬ２４・No.６

髙橋昭雄（二〇二一）『ミャンマーの体制転換と農村の社会経済史』『東京大学出版会』二〇二一年についての松田正彦（二〇二二）の書評『アジア経済』LⅦ―2
小林磨理恵『ミャンマー揺れる社会の静かな痕跡』『ライブラリアン・コラム』連載：途上国・新興国の二〇二〇年人口センサス
早坂恭一（二〇二二）『ミャンマーの今：医療と福祉のリアル』『敬愛大学総合地域研究』第十二号
中嶋裕子（二〇二一）『外国人技能実習制度の介護分野における監理団体の取り組み』『社会事業研究』第六十号・日本社会事業大学社会福祉学会
宗田勝也（二〇二一）『「誰も取り残さない」社会への手がかりーコロナ禍における移民・難民ボランティア活動からー』『ボランティア学研究』VOL21
山口裕子（二〇二〇）『日本の外国人受け入れ政策の変遷と課題～技能実習制度から二〇一八年入管法改正までを中心に～』『北九州市立大学文学部紀要』第九十号
于　洋（二〇二〇）『わが国における外国人介護人材の受入れ政策の展望と課題』『城西現代政策研究』No.13第二号
張　紀潯、張　一成（二〇二〇）『外国人技能実習制度とその課題』『The Josai Journal of Business Administration』VOL16・No.1
村上逸人、野田由佳里（二〇二〇）『外国人を対象とした地域型介護における人材定着を促す好循環システムの開発（第四報）ミャンマー国出身の介護を対象とした技能実習生の実態調査』『地域ケアリング』VOL22 No.2
村上逸人、野田由佳里（二〇二〇）『外国人を対象とした地域型介護における人材定着を促す好循環システムの開発（第五報）介護福祉を学ぶ留学生の事例から考える受け入れ態勢』『地域ケアリング』V

ＯＬ２２№２
野田由佳里・村上逸人（二〇二〇）『ミャンマーにおける技能実習教育の実態調査～タイ・ベトナム技能実習教育との比較～』『聖隷クリストファー大学社会福祉学部紀要』第十八号
中島泰郁（二〇二〇）『地域を支える（九七四）介護老人保健施設「東雄苑都島」日本人と同等待遇、教育を重視 ミャンマーから実習生受け入れ』厚生福祉六五七九号・時事通信社
岡本浄実、村上逸人（二〇一九）『外国人を対象とした地域型介護における人材定着を促す好循環システムの開発（第一報）外国人介護労働者の受け入れ事例から考えるダイバーシティ（多様性）』『地域ケアリング』ＶＯＬ２１・№７
上逸人、野田由佳里、佐藤美哉子（二〇一九）『外国人を対象とした地域型介護における人材定着を促す好循環システムの開発（第二報）ハノイにおける技能実習生の実態調査からの考察』『地域ケアリング』ＶＯＬ２１№７
野田由佳里、村上逸人、落合克能（二〇一九）『外国人を対象とした地域型介護における人材定着を促す好循環システムの開発（第三報）Ａ県の取り組みから考える技能実習生受入れの仕組み』『地域ケアリング』ＶＯＬ２１・№７
平井辰也（二〇一九）『介護現場を支える外国人労働者の現状と課題』『月刊自治研』六十一巻．自治研中央推進委員会編
山路憲夫（二〇一九）『ミャンマーの医療・介護・福祉事情』『社会保険旬報』№２７４６
鈴木裕美、安田真之、Yinmon Htun、日下隆（二〇一九）『ミャンマーで行う新生児医療支援』『地域環境保健福祉研究』二十二
坂田仁徳（二〇一八）『変化するミャンマーでの生活』『ＯＣＡＪＬ』二〇一八

塚田典子（二〇一八）『施設長の外国人介護労働者受入れ意識に関連する要因研究―介護保険三施設を対象とした全国調査を基に―』『社会福祉学』第五十九巻・第二号
新田國夫『ミャンマーの高齢者ケア提供体制は』『医療と介護next1：地域包括ケアをリードする』第四巻（六）
藤原桃子（二〇一八）『海外での生活―ミャンマー―』『ＯＣＡＪＩ』ＶＯＬ４２・海外建設協会
上林千恵子（二〇一八）『外国人技能実習制度成立の経緯と二〇〇九年の転換点の意味づけ―外国人労働者受け入れのための試行過』移民政策研究第十号
AYE Chan Pwint（二〇一七）『ミャンマーの大都市における貧困及び社会経済状況に関する研究―第二回ヤンゴン市の社会経済開発調査結果を基に―』『海外事情研究』№４４
宮野弘之（二〇一七）『介護人材確保でミャンマーに熱い視線』『日本ミャンマー協会活動報告』第二十号．日本ミャンマー協会
伊藤千尋（二〇一七）『凛とした小国』新日本出版
上林千恵子（二〇一七）『外国人技能実習制度三十年の歴史と今後の課題』移民政策学会二〇一七年度年次大会
大重史朗（二〇一六）『外国人技能実習制度の現状と法的課題―人権を尊重する多文化社会構成にむけた一考察―』『中央学院大学法学論叢』№２
大里由起子、髙谷幸、樋口直人、鍛谷致、稲葉奈々子（二〇一二）『移住者と貧困』『多言語多文化―実践と研究―』ＶＯＬ２０１２・１２
齋藤智恵（二〇一六）『近現代におけるミャンマーの教育制度と英語教育の変遷』『アジア英語研究』十八
秋葉敏夫（二〇一五）『ミャンマーの保健医療分野における課題と展望―過去五年間（二〇〇九―二〇一一

四）の観察から―』『九州保健福祉大学研究紀要』十六
田村克己・松田昭男編著（二〇一三）『ミャンマーを知るための六十章』赤石書店
福森哲也・小原祥敬嵩著（二〇一二）『ミャンマー・カンボジア・ラオスのことが三時間でわかる本』明日香出版社
山口洋一・寺井融著（二〇一二）『アウン・サン・スーチーはミャンマーを救えるか？』株式会社マガジンハウス
Aye Chan Pwint（二〇一一）『ミャンマーのスラム街における社会経済状況の変化に関する考察―ヤンゴン市を事例に―』『熊本学園大学経済論集』№18
Aye Chan Pwint（二〇一一）『ミャンマーの貧困削減における母子保健医療の役割』『社会福祉研究所報』熊本学園大学付属社会福祉研究所［編］三十九
安里和晃（二〇〇七）『介護施設に従事する外国人労働者の実態―雇用主の評価をもとに―』『works review』VOL．2
二〇一八『外国人技能実習制度の現状、課題等について』（平成三十年三月二十三日）厚生労働省
二〇一九『外国人技能実習制度の現状、課題等について』（令和元年七月十二日）厚生労働省北海道労働局 職業安定部訓練室
その他の行政通知、新聞記事

【著者紹介】

渡邊靖志（わたなべ　やすし）

山口県防府市在住。東亜大学医療学部教授。福祉経営サポート「マイスタイル」代表。社会福祉士、精神保健福祉士。

主な著書等、集英社版・学習漫画早わかり『病院のしくみ』（構成脚本・集英社）一九九八年、『宅老所運動からはじまる住民主体の地域づくり』（単著・久美出版）二〇〇五年、『学びなおしの月灯り～夜間中学校物語～』（単著・ブイツーソリューション）二〇二三年など。

海外からやってきた介護の天使たち
ある監理団体の取り組みから

二〇二五年一月三十日　初版第一刷発行

著　者　渡邊靖志
発行者　谷村勇輔
発行所　ブイツーソリューション
〒四六六・〇八四八
名古屋市昭和区長戸町四・四〇
電　話　〇五二・七九九・七三九一
ＦＡＸ　〇五二・七九九・七九八四
発売元　星雲社（共同出版社・流通責任出版社）
〒一一二・〇〇〇五
東京都文京区水道一・三・三〇
電　話　〇三・三八六八・三二七五
ＦＡＸ　〇三・三八六八・六五八八
印刷所　藤原印刷

ISBN978-4-434-35380-2